SPRENGEL PREIS 2023
Niedersachsen in Europa

Christian Retschlag

SPRENGEL PREIS 2023
Niedersachsen in Europa

Niedersächsisches Ministerium für Wissenschaft und Kultur
Niedersächsische Sparkassenstiftung
Sprengel Museum Hannover

snoeck

HANNOVER — MONT VENTOUX

INHALTSVERZEICHNIS / TABLE OF CONTENTS

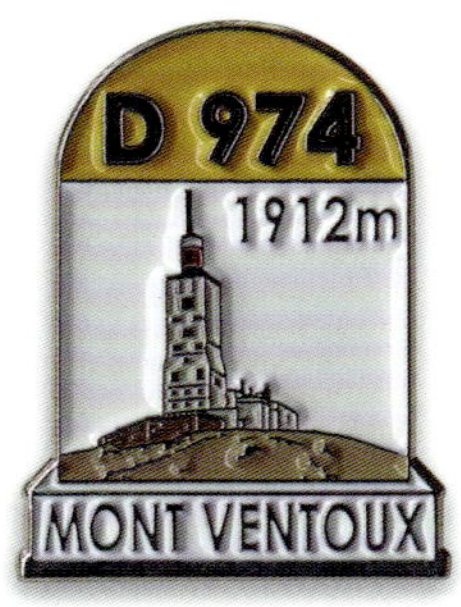
D 974
1912m
MONT VENTOUX

REINHARD SPIELER
Direktor Sprengel Museum Hannover

Mit Christian Retschlag als Sprengel-Preisträger 2023 verfolgt der SPRENGEL PREIS konsequent die neue, von ihm seit 2021 eingeschlagene Richtung. 1979 von Bernhard und Margrit Sprengel initiiert, seit 1991 von der Niedersächsischen Sparkassenstiftung in der Trägerschaft übernommen, wird der SPRENGEL PREIS seit 2021 gemeinsam von der Niedersächsischen Sparkassenstiftung und dem Niedersächsischen Ministerium für Wissenschaft und Kultur (MWK) getragen und ausgerichtet. Mit seiner Neuausrichtung verbunden war nicht nur eine deutliche Erhöhung der finanziellen Ausstattung, sondern vor allem die Verknüpfung des Preises mit einem Reisestipendium innerhalb Europas und einer Ausstellung im Sprengel Museum Hannover mit Katalog. Intentionaler Hintergrund für die im Bewusstsein einer reichen und langen Geschichte intensiven kulturellen Austausches zwischen den Völkern erfolgte Auslobung des Reisestipendiums als Bestandteil der Preis- und Ausstellungskonzeption ist die Einbettung Niedersachsens in ein Europa mit seiner spezifischen Idee einer demokratisch-freiheitlichen Gesellschaftsordnung.

Gerade hier setzt Christian Retschlag an, und sein Reiseprojekt zielt auf verschiedensten Ebenen ins Herz unserer europäischen Identität. Er hat sich mit dem Fahrrad von Hannover aus auf den Weg in die Provence zum Mont Ventoux gemacht. Dieser Weg kann mit seinen Schauplätzen der Kriege von 1870/71 und des Ersten Weltkriegs für sich schon als Lehrpfad insbesondere für die deutsch-französische Geschichte gelten. Und darüber hinaus auch für die Geschichte des Mediums der Fotografie, dessen sich Retschlag bedient und das für ihn sowohl Motiv als auch Instrument seiner künstlerischen Entdeckungsreise ist; so war eine der Stationen auf dem Weg das Studio von Joseph Nicéphore Niépce in Saint Loup-de-Varenne, nahe der schweizerischen Grenze, wo im Jahr 1826 das mutmaßlich erste fotografische Bild entstanden ist. Und schließlich – noch allgemeiner – als Lehrpfad der Weltbetrachtung schlechthin: 1336 bestieg der Dichter Petrarca zusammen mit seinem Bruder den Gipfel des Mont Ventoux und beschrieb in einem Brief dieses Erlebnis. Die darin postulierte Betrachtung der Welt im Über-Blick aus der Distanz markiert eine Zeitenwende und einen Paradigmenwechsel vom mittelalterlichen, göttlich-religiös bestimmten hin zum humanistisch-naturwissenschaftlichen, vom menschlichen Subjekt geprägten Weltbild, das mit der mathematisch fundierten Entdeckung der Natur, der irdischen und kosmischen Welt, einherging und geht.

Zudem gilt Petrarca mit seiner planvollen Besteigung des Mont Ventoux als Urvater aller Alpinisten und ist damit auch eine Referenzfigur für Sport und Tourismus. Und wenn heute eine legendäre Bergetappe der Tour de France dort endet, steht auch dies noch in Bezug zu Petrarcas Pioniertat.

Philosophisch-existenzielle Weltbetrachtung, Historie, industrielle und künstlerische Produktion, Sport, Freizeit und Tourismus fließen in Retschlags Reisebericht zu einem komplexen künstlerischen Erzählstrom zusammen. Dass dieses narrative Projekt mit dem Einsatz der eigenen körperlichen Energie – auf dem Fahrrad – Hand in Hand ging, macht es zu einer ganz eigenen, auch subjektiv-physischen Er-Fahrung.

Vielen ist zu danken, die, zumindest im übertragenen Sinne, Christian Retschlag auf dieser Reise begleitet haben. Neben den Trägern des Preises, namentlich Johannes Janssen und Ulrike Schneider für die Niedersächsische Sparkassenstiftung sowie Corinna Fischer und Veronika Olbrich für das MWK, gilt mein Dank Carina Plath, die Christian Retschlag auf den ersten Etappen begleitet hat, bis Julius Osman das Projekt übernommen und umsichtig finalisiert hat. Das betrifft zum einen den Dialog mit Christian Retschlag und die Einrichtung der Ausstellung im Sprengel Museum Hannover, aber auch die Realisierung des Katalogs, für den er nicht nur die Redaktionsarbeit geleistet, sondern auch ein facettenreiches Gespräch mit dem Künstler beigesteuert hat. Dank gesagt sei hier auch Jasmin Meinold für ihren aufschlussreichen Text zu Retschlags Projekt.

Vor allem aber danken wir Christian Retschlag dafür, dass er uns auf diese künstlerische Reise mitnimmt – und gratulieren ihm von Herzen zum SPRENGEL PREIS 2023! ■

REINHARD SPIELER
Director Sprengel Museum Hannover

With Christian Retschlag as the 2023 Sprengel Prize winner, the SPRENGEL PRIZE continues to pursue the new direction it has been taking since 2021. Initiated in 1979 by Bernhard and Margrit Sprengel and taken over by the Niedersächsische Sparkassenstiftung as its sponsor in 1991, the Sprengel Prize has been jointly funded and organised by the Niedersächsische Sparkassenstiftung and the Lower Saxony Ministry of Science and Culture since 2021. Its realignment has been associated not only with a significant increase in funding, but above all with the linking of the prize to a travel scholarship within Europe and to an exhibition in the Sprengel Museum Hannover with a catalogue. Against the background of a rich and long history of intensive international cultural exchange, the travel scholarship as part of the prize and exhibition concept is being awarded in view of Lower Saxony's firm place in a Europe with its specific conception of a democratic and liberal social order.

This is precisely where Retschlag takes his cue, and his travel project targets the heart of our European identity on a wide variety of levels. He set out on his bicycle from Hannover to Mont Ventoux in Provence. With its sites of the wars of 1870/71 and the First World War, this very route can in itself be considered an educational trail, especially for Franco-German history. And also for the history of the medium of photography, which Retschlag uses and which for him is both the subject and the means of his artistic voyage of discovery; one of the stops along the way was the studio of Joseph Nicéphore Niépce in Saint-Loup-de-Varennes, near the Swiss border, where the first photographic image is thought to have been taken in 1826. And finally – even more generally – as an educational trail for viewing the world par excellence: in 1336, the poet Petrarch, accompanied by his brother, climbed to the summit of Mont Ventoux and described this experience in a letter. Postulated in this letter, the viewing of the world from a distance and from above marks a historical turning point and a paradigm shift from the mediaeval, divine and religious view of the world to the humanistic and scientific world view, shaped by the human subject, which went and still goes hand in hand with the mathematically driven discovery of nature, of the earthly and the cosmic world.

Moreover, with his planned ascent of Mont Ventoux, Petrarch is considered the originator of mountaineering and is thus also a point of reference for sport and tourism. And when a legendary mountain stage of the Tour de France ends there today, it still stands in the tradition of Petrarch's pioneering feat.

The philosophical and existential contemplation of the world, history, industrial and artistic production, sport, leisure and tourism come together in Retschlag's travelogue to form a complex artistic narrative stream. The fact that this narrative project went hand in hand with his own physical effort – in the saddle – makes it a very special and also subjective, physical experience.

Many deserve thanks for accompanying Christian Retschlag on this journey, at least metaphorically speaking. In addition to the sponsors of the prize, namely Johannes Janssen and Ulrike Schneider for the Niedersächsische Sparkassenstiftung and Corinna Fischer and Veronika Olbrich for the Lower Saxony Ministry of Science and Culture, my thanks go to Carina Plath, who assisted Retschlag on the first few stages until Julius Osman took over and skilfully finalised the project. This applies not only to his dialogue with Retschlag and the setting up of the exhibition at the Sprengel Museum Hannover, but also to the realisation of the catalogue, for which he not only did the editorial work but also contributed a wide-ranging conversation with the artist. Thanks are also due here to Jasmin Meinold for her insightful text on Retschlag's project.

Above all, however, we thank Christian Retschlag for taking us on this artistic journey – and congratulate him wholeheartedly on the SPRENGEL PRIZE 2023!

FALKO MOHRS
Niedersächsischer Minister für Wissenschaft und Kultur

JOHANNES JANSSEN
Stiftungsdirektor der Niedersächsischen Sparkassenstiftung

«Ich möchte also mit dem Fahrrad von Hannover zum Mont Ventoux fahren», schrieb der Künstler Christian Retschlag in seiner Bewerbung für den SPRENGEL PREIS 2023 mit integriertem Reisestipendium NIEDERSACHSEN IN EUROPA. «Es geht mir bei diesem Projekt nicht darum, einen Roadtrip zu dokumentieren. Unterwegs interessieren mich (...) Fundstücke, die ich auf dem Weg entdecken werde, sowie Bilder, die ich inszenieren möchte. Es geht ums Ausmessen. Mit dem eigenen Körper. Mit der Kamera. Welt und Bild ins Verhältnis setzen.»

In den etwa vier Wochen, die Christian Retschlag von Niedersachsen nach Südfrankreich gefahren ist, und in der Zeit, die er am Fuße des Mont Ventoux verbracht hat, um von dort aus den Berg und seine Umgebung mit der Kamera zu erkunden, hat er nur vereinzelt touristische Sehenswürdigkeiten fotografiert. Stattdessen faszinierten den Künstler alltägliche, scheinbar belanglose kleine Dinge wie die typisch französischen Rohrzuckerwürfel, die er in seinen Kaffee tat, oder eine Flasche Orangina. Die Limonadenflasche fotografierte er halbvoll, ohne Etikett, und unterstrich so die skulpturale Qualität des Produkts, das vom Hersteller als «französische Ikone» beworben wird.

Die Stationen seiner «eigenen Tour de France» (Retschlag) dokumentierte er in den mehrteiligen konzeptionellen Arbeiten «Die Sonne auf dem Weg von Hannover zum Mont Ventoux» (S. 32 ff.) und «Frühstücksmesser auf einer Reise mit dem Fahrrad von Hannover zum Mont Ventoux» (S. 20 ff.). Für die zweite Reihe hat der Künstler die verschiedenen Messer fotografiert, die auf den Frühstückstischen der Häuser lagen, in denen er während seiner Fahrt übernachtet hat. Er zeigt das Besteck, das wir täglich vor Augen haben und in Händen halten, aber kaum mehr wahrnehmen, im Maßstab 1:1 in 23 detailgenauen Schwarz-Weiß-Fotografien vor weißem Hintergrund.

In den vergangenen Jahren hat Christian Retschlag sich nicht nur für Alltagsobjekte, sondern auch für die Flora und Fauna seiner unmittelbaren Umgebung interessiert. In Südfrankreich ist es ein ungewöhnlich stark beschnittener Baum, der sein Interesse weckt und den er freistellt und vor hellem Hintergrund abbildet – ein Baum, den der Künstler zu seiner eigenen Überraschung nicht in einem französischen Barockgarten, sondern an einer kleinen Landstraße in der Nähe des Mont Ventoux entdeckt hat.

Der vorliegende Katalog zeigt eindrucksvoll, dass es Christian Retschlag auch in seinen neuesten Arbeiten gelingt, unseren Blick auf alltägliche Dinge und Objekte zu lenken und unsere Wahrnehmungsmöglichkeiten zu erweitern. Indem er die Motive vor der Kamera isoliert, sie subtil inszeniert oder die Größe des jeweiligen Objekts und seine Darstellung im fotografischen Abzug reflektiert, weckt er unsere Neugierde und regt zum aktiven und produktiven Sehen an. Dabei überlässt der Künstler in seinen analogen Schwarz-Weiß-Fotografien nichts dem Zufall und setzt immer wieder aufs Neue überraschend und faszinierend Welt und Bild zueinander ins Verhältnis.

Die Publikation erscheint anlässlich der Ausstellung «Hannover — Mont Ventoux» von Christian Retschlag, die vom 18. November 2023 bis 3. März 2024 im Sprengel Museum Hannover präsentiert wird. Ausstellung und begleitender Katalog sind an den SPRENGEL PREIS 2023 der Niedersächsischen Sparkassenstiftung und des Niedersächsischen Ministeriums für Wissenschaft und Kultur gebunden, den Christian Retschlag für seine herausragende künstlerische Arbeit und sein überzeugendes Reisekonzept erhalten hat.

Der SPRENGEL PREIS zählt zu den ältesten Kunstpreisen in Niedersachsen. Er geht auf eine Initiative des Kunstsammlers und Mäzens Bernhard Sprengel zurück, der die Auszeichnung 1979 gestiftet hat, um außergewöhnliche junge Künstlerinnen und Künstler aus Niedersachsen zu fördern. Das seit 2021 mit dem Preis zu vergebende Reisestipendium NIEDERSACHSEN IN EUROPA ermöglicht den Preisträger*innen, bis zu sechs Monate in einem europäischen Land ihrer Wahl zu arbeiten, und gibt damit Impulse für den Kulturaustausch in Europa. Im Anschluss werden vor allem auch die künstlerischen Ergebnisse des Auslandsaufenthaltes in einer Ausstellung und einem Katalog im Sprengel Museum Hannover präsentiert.

Wir freuen uns, dass das Museum die vielfältigen Arbeiten der Preisträger*innen in den vergangenen Jahren regelmäßig ausgestellt hat und danken dem Direktor Reinhard Spieler für die erfolgreiche Kooperation. Für die Zusammenarbeit bei der Realisierung von Ausstellung und Katalog des diesjährigen Preisträgers danken wir Julius Osman, freier Kurator am Sprengel Museum Hannover.

Unser Dank gilt außerdem den Mitgliedern der Jury des SPRENGEL PREISES 2023: Stefan Becker (Vorsitzender, Verein der Freunde des Sprengel Museum Hannover), Julienne Lorz (Professorin, Universität für angewandte Kunst Wien), Noor Mertens (Direktorin, Kunstmuseum Bochum), Veronika Olbrich (ehem. Referentin für bildende Kunst, Niedersächsisches Ministerium für Wissenschaft und Kultur), Carina Plath (stellvertretende Direktorin, Sprengel Museum Hannover), Thomas Rentmeister (Professor, Hochschule für Bildende Künste Braunschweig), Ulrike Schneider (Referentin für bildende Kunst, Niedersächsische Sparkassenstiftung).

Christian Retschlag gratulieren wir sehr herzlich zum vorliegenden Katalog und zur beeindruckenden Präsentation seiner neuen Werke, die im Sprengel Museum Hannover erstmals zu sehen sind, und wünschen ihm für seine weitere künstlerische Arbeit alles Gute. ■

«So I want to cycle from Hannover to Mont Ventoux» Christian Retschlag wrote in his submission for the SPRENGEL PRIZE 2023 with its integrated LOWER SAXONY IN EUROPE travel scholarship. «For me, this project is not about documenting a road trip. On the road, I am interested in (...) finds that I encounter along the way, as well as images that I want to stage. It's about measuring. With my own body. With the camera. Establishing a relationship between the world and the image.»

In the four weeks or so that Christian Retschlag travelled from Lower Saxony to the south of France, and in the time he spent at the foot of Mont Ventoux, from where he explored the mountain and its surroundings with his camera, he took only occasional pictures of tourist sights. Instead, the artist was fascinated by everyday, seemingly insignificant little things like the typical French cane sugar cubes he put in his coffee or a bottle of Orangina. He photographed the lemonade bottle half-full and without a label to stress the sculptural quality of the product advertised by the manufacturer as a «French icon».

The stages of his «own Tour de France» (Retschlag) he documented in the multi-part conceptual works «The Sun on the Way from Hannover to Mont Ventoux» (p. 32 ff.) and «Breakfast Knives on a Journey by Bicycle from Hannover to Mont Ventoux» (p. 20 ff.). For the second series, the artist photographed the various knives laid on the breakfast tables of the places he stayed at during his trip. He presents the cutlery that we have in front of us and pick up every day but barely notice any more on a scale of 1:1 in 23 detailed black-and-white photographs against a white background.

In recent years, Retschlag has been interested not only in everyday objects but also in the flora and fauna of his immediate surroundings. In the south of France, it is an unusually severely pruned tree that arouses his interest and which he liberates and depicts against a light background – a tree that the artist discovered, to his own surprise, not in a French baroque garden but on a small country road near Mont Ventoux.

The catalogue impressively shows that in his latest works Retschlag again succeeds in directing our gaze to everyday things and objects and in expanding our perceptual scope. By isolating the subjects in front of the camera, subtly arranging them or reflecting on the size of the respective object and its representation on the photographic print, he stimulates our curiosity and encourages us to see actively and productively. In his analog black-and-white photographs, the artist leaves nothing to chance and establishes new relationships between the world and the image in a surprising and fascinating way each time.

This illustrated book is being published on the occasion of the exhibition «Hannover — Mont Ventoux» by Christian Retschlag, which will be shown at the Sprengel Museum Hannover from 18 November 2023 to 3 March 2024. The exhibition and accompanying catalogue are associated with the SPRENGEL PRIZE 2023 of the Niedersächsische Sparkassenstiftung and the Lower Saxony Ministry for Science and Culture, which Christian Retschlag has received for his outstanding work as an artist and for his compelling travel proposal.

The SPRENGEL PRIZE is one of the oldest art awards in Lower Saxony. It was initiated by the art collector and patron Bernhard Sprengel, who established the award in 1979 to encourage exceptional young artists from Lower Saxony. The LOWER SAXONY IN EUROPE travel scholarship, which has been awarded with the prize since 2021, enables the prize-winners to work for up to six months in a European country of their choice and thus provides impetus for cultural exchange in Europe. After this, the artwork produced during the stay abroad is presented in an exhibition and a catalogue at the Sprengel Museum Hannover.

We are delighted that the museum has regularly exhibited the varied works of the award winners in recent years and thank its director Reinhard Spieler for our successful cooperation. We wish to thank Julius Osman, freelance curator at the Sprengel Museum Hannover, for his collaboration in the realisation of this year's exhibition and catalogue.

We are also grateful to the members of the jury of the SPRENGEL PRIZE 2023: Stefan Becker (Chairman, Verein der Freunde des Sprengel Museum Hannover), Julienne Lorz (Professor, University of Applied Arts Vienna), Noor Mertens (Director, Kunstmuseum Bochum), Veronika Olbrich (former Advisor on the Visual Arts, Ministry of Science and Culture of Lower Saxony), Carina Plath (Deputy Director, Sprengel Museum Hannover), Thomas Rentmeister (Professor, Braunschweig University of Art) and Ulrike Schneider (Advisor on the Visual Arts, Niedersächsische Sparkassenstiftung).

We warmly congratulate Christian Retschlag on this catalogue and on the impressive exhibition of his new works, on show for the first time at the Sprengel Museum Hannover, and wish him all the best for his future work as an artist. ■

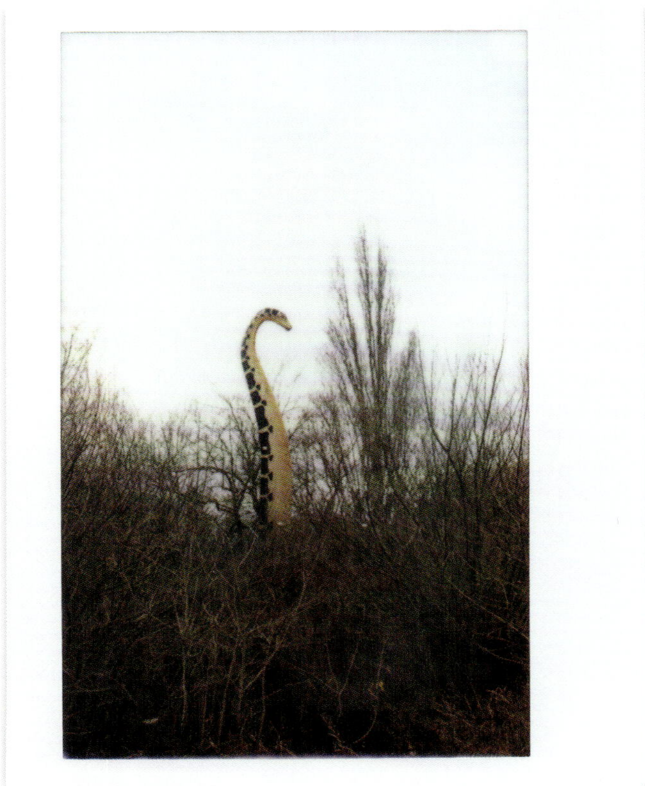

1. Etappe. Auf dem Weg nach Bodenwerder
1st stage. On the way to Bodenwerder

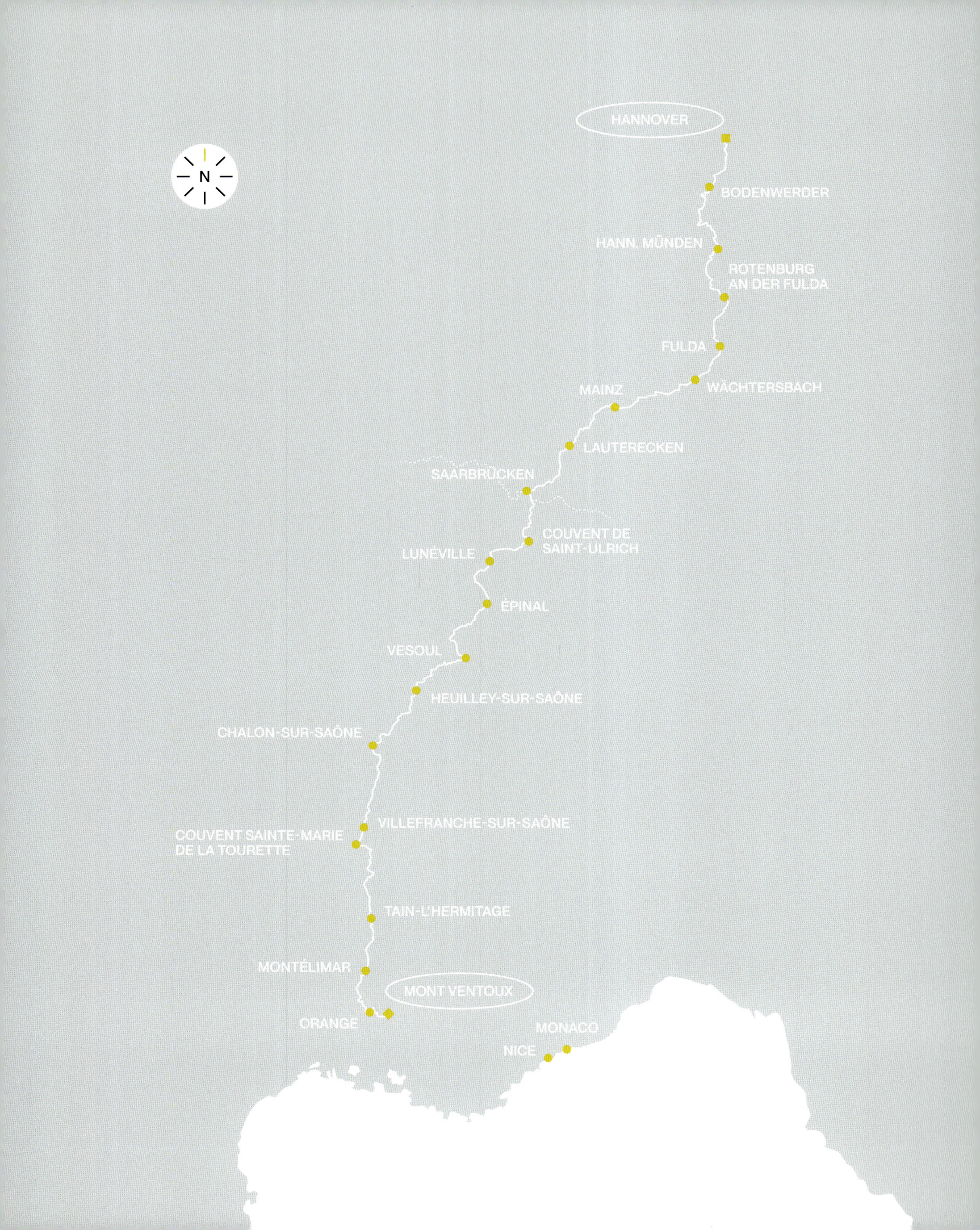
N
HANNOVER
BODENWERDER
HANN. MÜNDEN
ROTENBURG
AN DER FULDA
FULDA
WÄCHTERSBACH
MAINZ
LAUTERECKEN
SAARBRÜCKEN
COUVENT DE
SAINT-ULRICH
LUNÉVILLE
ÉPINAL
VESOUL
HEUILLEY-SUR-SAÔNE
CHALON-SUR-SAÔNE
VILLEFRANCHE-SUR-SAÔNE
COUVENT SAINTE-MARIE
DE LA TOURETTE
TAIN-L'HERMITAGE
MONTÉLIMAR
MONT VENTOUX
ORANGE
MONACO
NICE

Hannover — Mont Ventoux
28.03.2023 – 23.04.2023

27 Tage/Days
20 Etappen/stages

Fahrtzeit/Cycling time:
95h 23min 45s

Kilometer/Kilometres:
1.594,93km

Höhenmeter/Vertical metres:
9.950m

Längste Strecke/Longest stage:
121,99km

Kürzeste Strecke/Shortest stage:
23,06km

Schnellste Abfahrt/Fastest descent:
52 km/h

Ø Geschwindigkeit/Average speed:
16,7 km/h

Kameraequipment/Camera gear:
12kg

Gesamtes Gepäck/Total luggage:
21kg

Luft aufgepumpt/Pumped up tyres:
2×

Kette geölt/Oiled the chain:
3×

Frühstücksmesser auf einer Reise mit dem Fahrrad von Hannover zum Mont Ventoux	23 Silbergelatineabzüge	diverse Größen/diverse sizes
Breakfast Knives on a Journey by Bicycle from Hannover to Mont Ventoux	Gelatin silver prints	2023

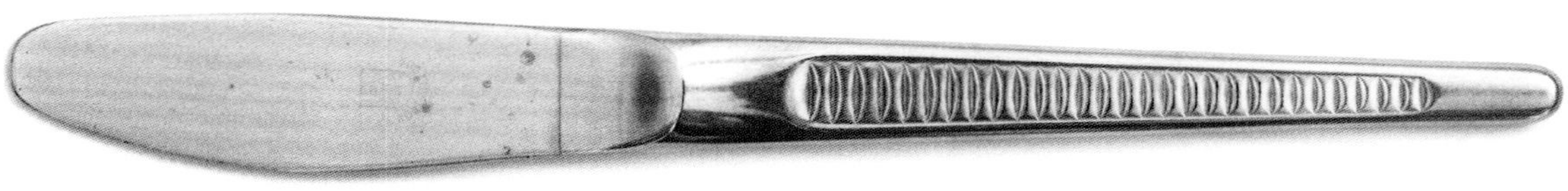

Frühstücksmesser 1 (Hannover)
Breakfast Knife 1 (Hannover)
4,8 × 23,9 cm

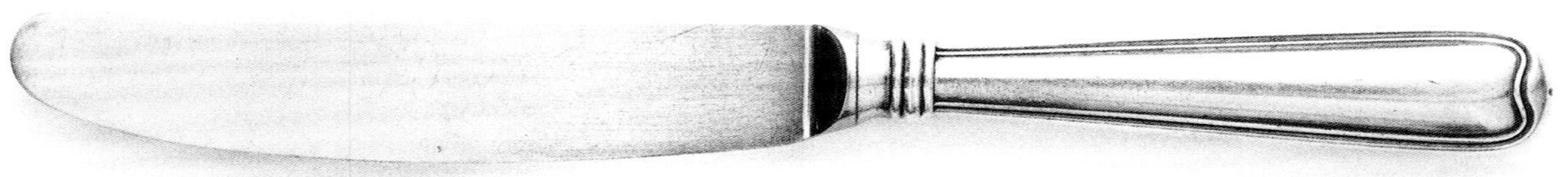

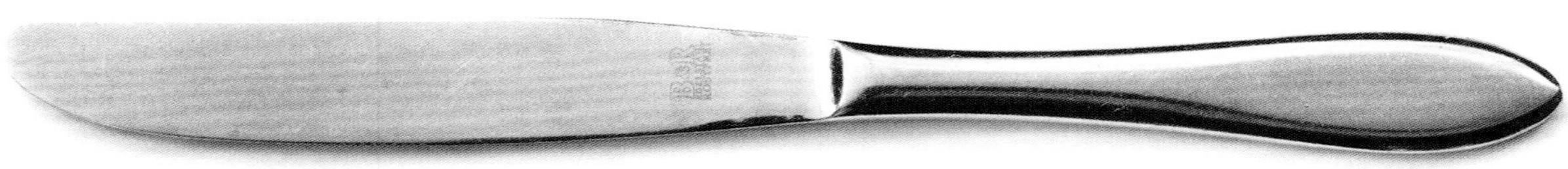

Frühstücksmesser 2 (Bodenwerder)
Breakfast Knife 2 (Bodenwerder)
4,8 × 23,4 cm

Frühstücksmesser 3 (Hann. Münden)
Breakfast Knife 3 (Hann. Münden)
4,5 × 24,1 cm

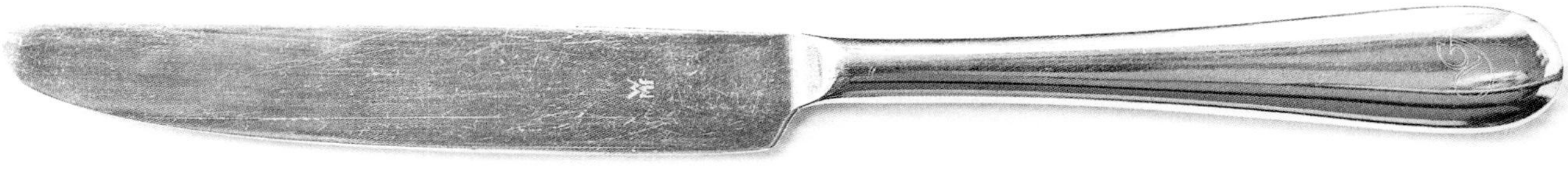

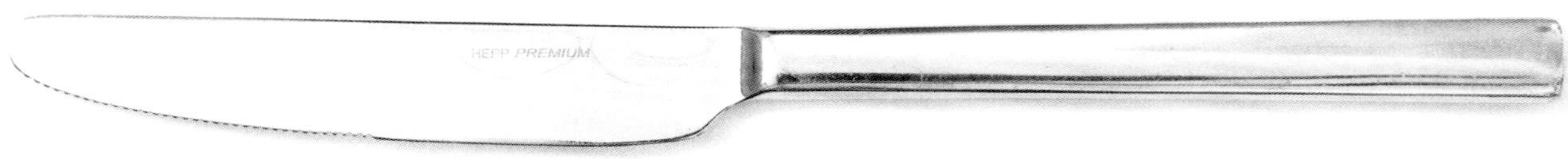

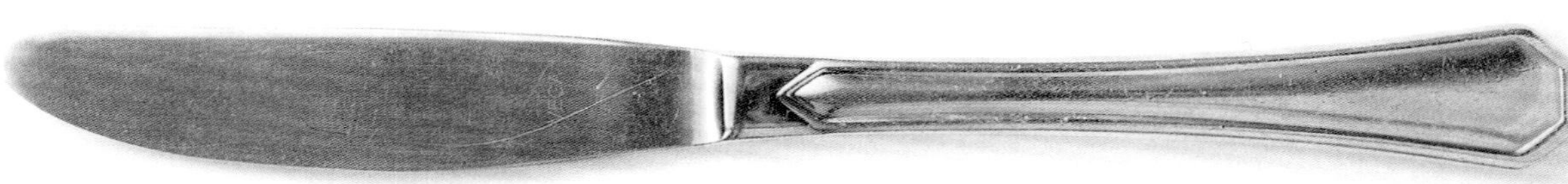

Frühstücksmesser 4 (Rotenburg an der Fulda)
Breakfast Knife 4 (Rotenburg an der Fulda)
4,8 × 27 cm

Frühstücksmesser 5 (Fulda)
Breakfast Knife 5 (Fulda)
4,7 × 26,5 cm

Frühstücksmesser 6 (Wächtersbach)
Breakfast Knife 6 (Wächtersbach)
4,7 × 24,5 cm

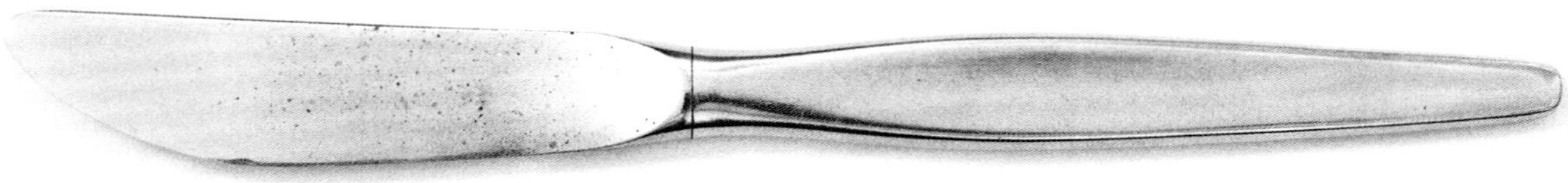

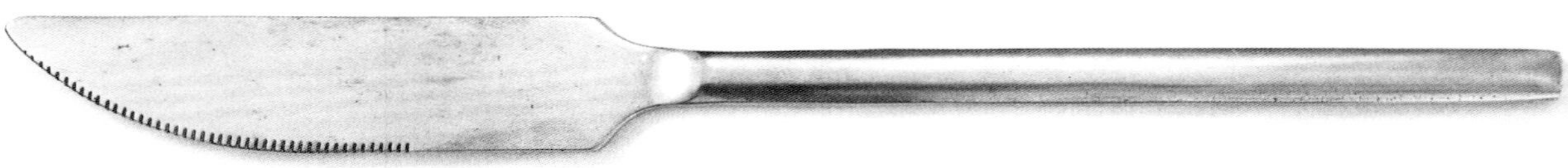

Frühstücksmesser 7 (Mainz)
Breakfast Knife 7 (Mainz)
4,7 × 23,7 cm

Frühstücksmesser 8 (Mainz II)
Breakfast Knife 8 (Mainz II)
4,6 × 25,4 cm

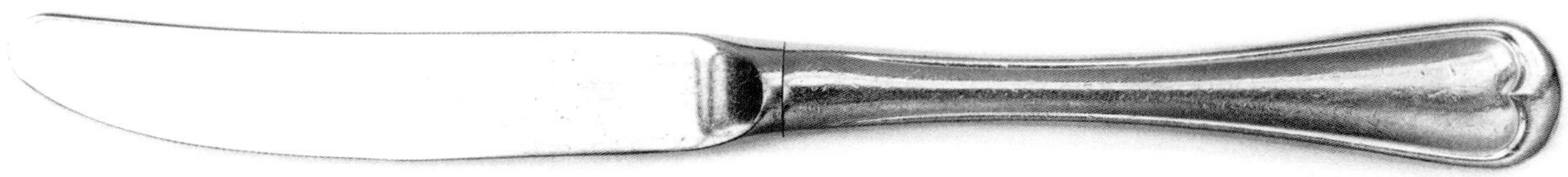

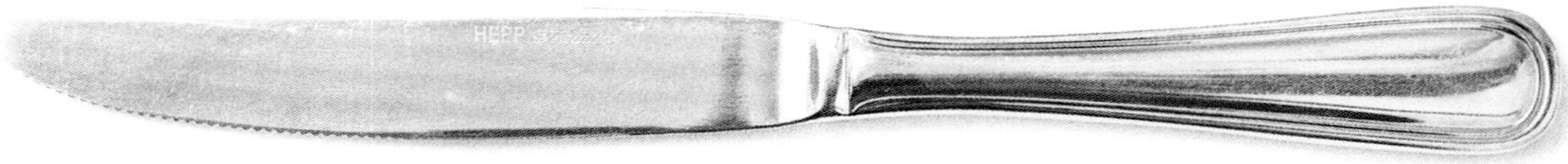

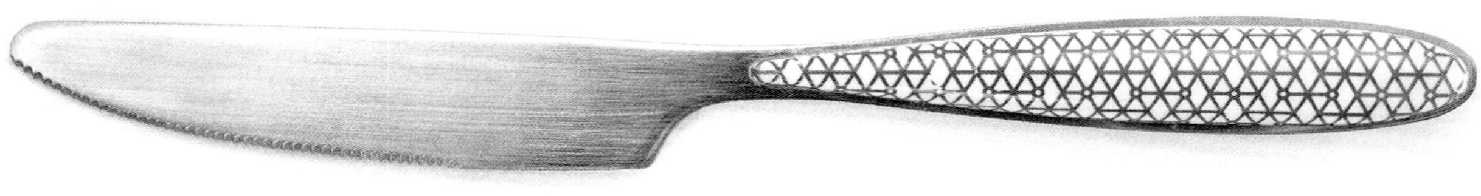

Frühstücksmesser 9 (Lauterecken)
Breakfast Knife 9 (Lauterecken)
4,8 × 24,6 cm

Frühstücksmesser 10 (Saarbrücken)
Breakfast Knife 10 (Saarbrücken)
4,6 × 23,4 cm

Frühstücksmesser 11 (Couvent de Saint-Ulrich)
Breakfast Knife 11 (Couvent de Saint-Ulrich)
4,9 × 25,3 cm

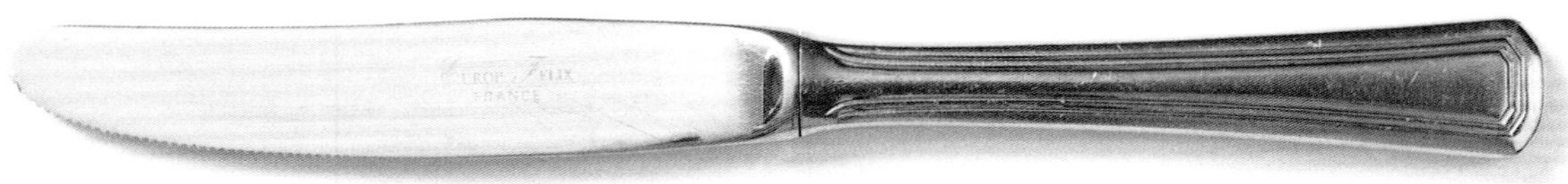

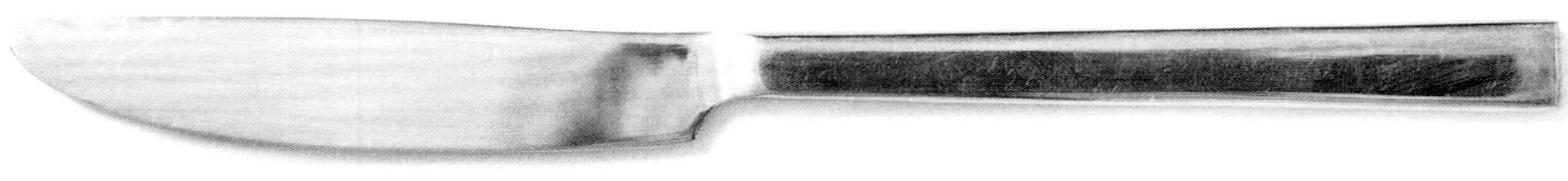

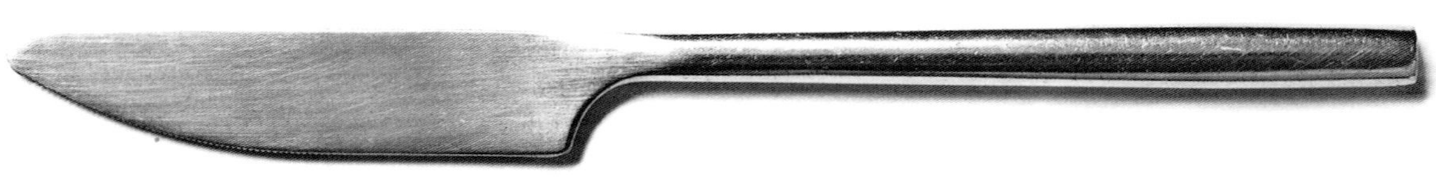

Frühstücksmesser 12 (Lunéville)
Breakfast Knife 12 (Lunéville)
4,6 × 23 cm

Frühstücksmesser 13 (Épinal)
Breakfast Knife 13 (Épinal)
4,8 × 24,3 cm

Frühstücksmesser 14 (Vesoul)
Breakfast Knife 14 (Vesoul)
4,7 × 24,2 cm

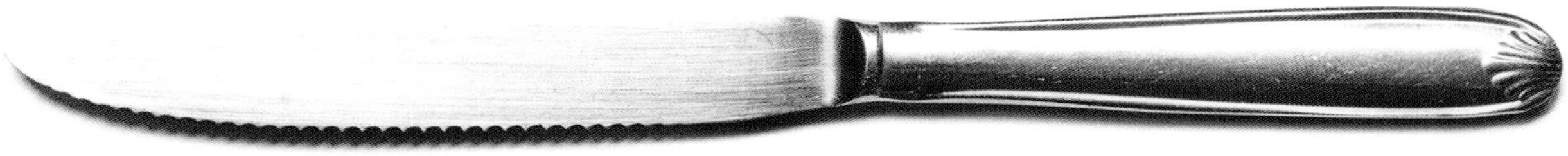

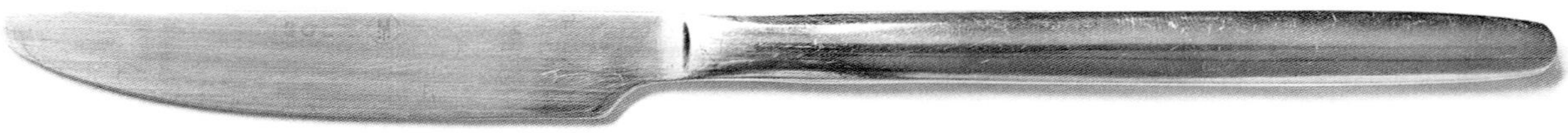

Frühstücksmesser 15 (Heuilley-sur-Saône)
Breakfast Knife 15 (Heuilley-sur-Saône)
4,9 × 25,3 cm

Frühstücksmesser 16 (Chalon-sur-Saône)
Breakfast Knife 16 (Chalon-sur-Saône)
4,4 × 24,9 cm

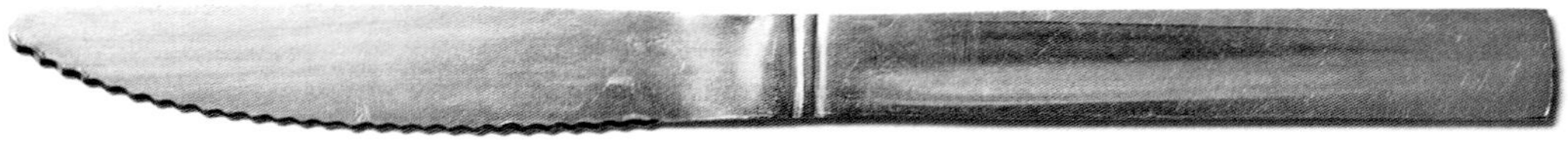

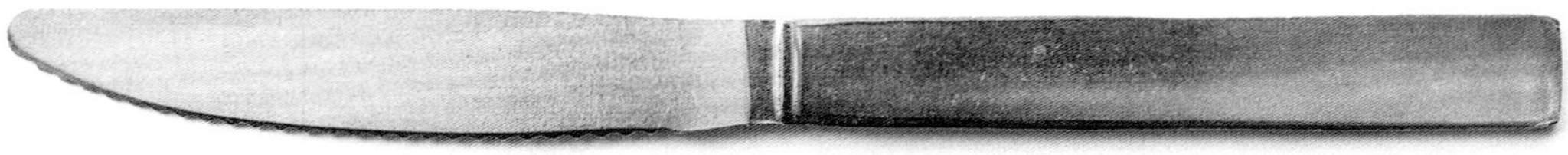

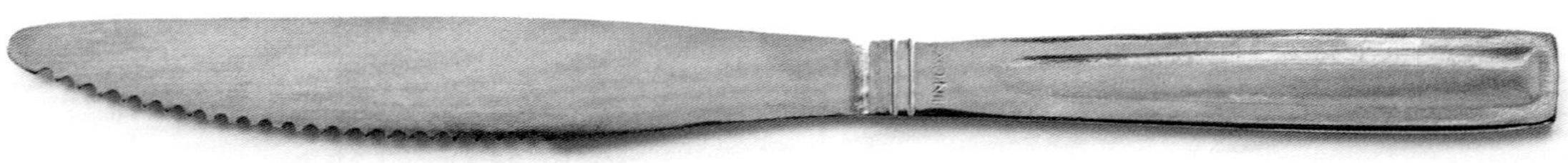

Frühstücksmesser 17 (Villefranche-sur-Saône)
Breakfast Knife 17 (Villefranche-sur-Saône)
4,5 × 21,7 cm

Frühstücksmesser 18 (Couvent Sainte-Marie de la Tourette)
Breakfast Knife 18 (Couvent Sainte-Marie de la Tourette)
4,5 × 21,7 cm

Frühstücksmesser 19 (Couvent Sainte-Marie de la Tourette II)
Breakfast Knife 19 (Couvent Sainte-Marie de la Tourette II)
4,6 × 22,8 cm

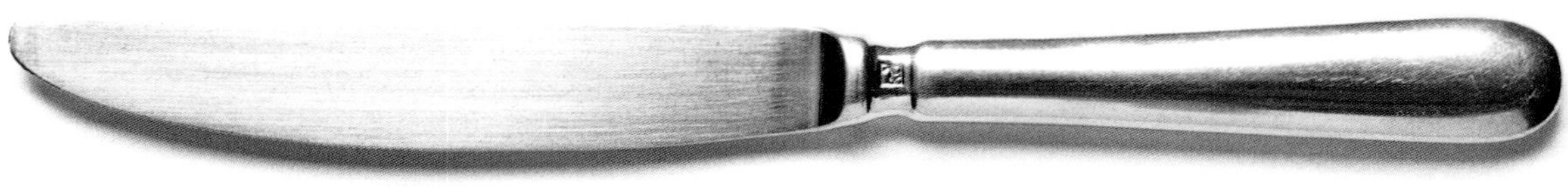

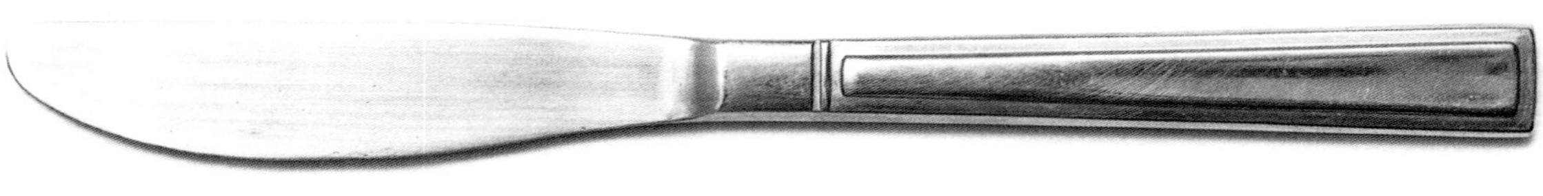

Frühstücksmesser 20 (Tain-l'Hermitage)
Breakfast Knife 20 (Tain-l'Hermitage)
4,9 × 23,8 cm

Frühstücksmesser 21 (Montélimar)
Breakfast Knife 21 (Montélimar)
4,7 × 23,5 cm

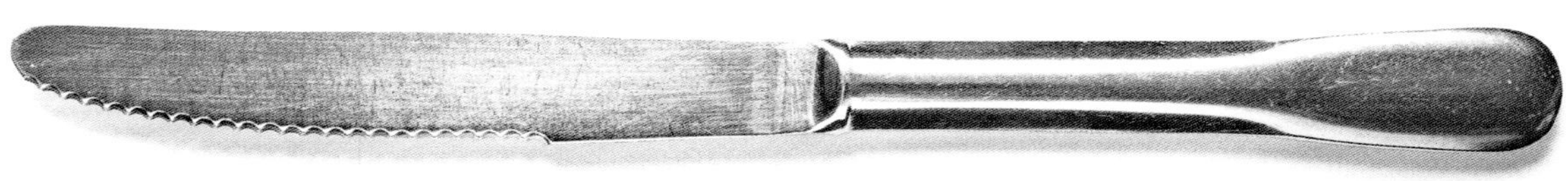

Frühstücksmesser 22 (Orange)
Breakfast Knife 22 (Orange)
4,7 × 23,5 cm

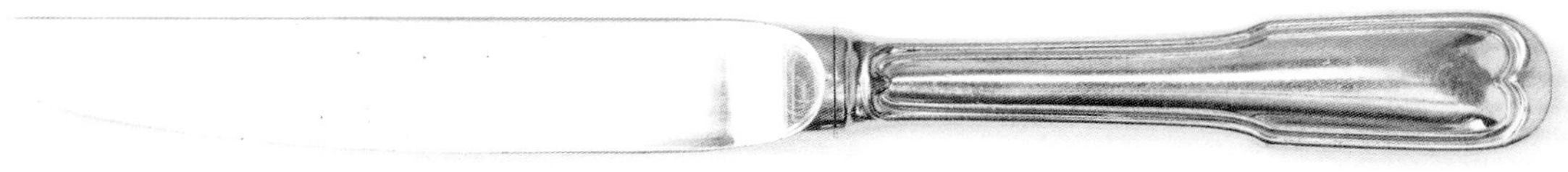

Frühstücksmesser 23 (Mont Ventoux)
Breakfast Knife 23 (Mont Ventoux)
4,5 × 22,8 cm

Die Sonne auf dem Weg von Hannover zum Mont Ventoux	12 Silbergelatineabzüge	je/each 6 × 6 cm
The Sun on the Way from Hannover to Mont Ventoux	Gelatin silver prints	2023

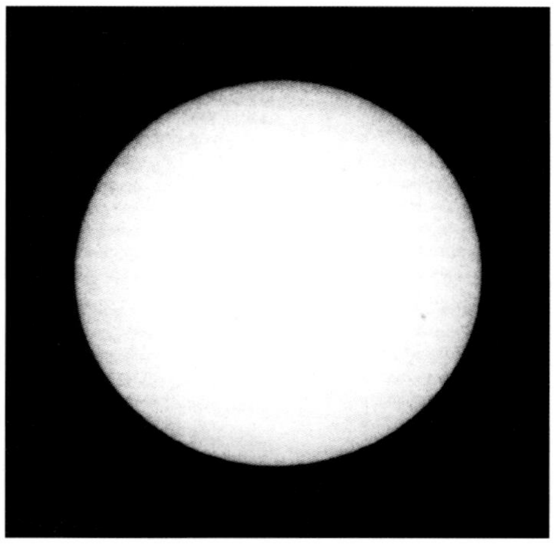

Sonne am 27. März, 9:52 Uhr (Hannover)
Sun on 27 March, 9:52 am (Hannover)

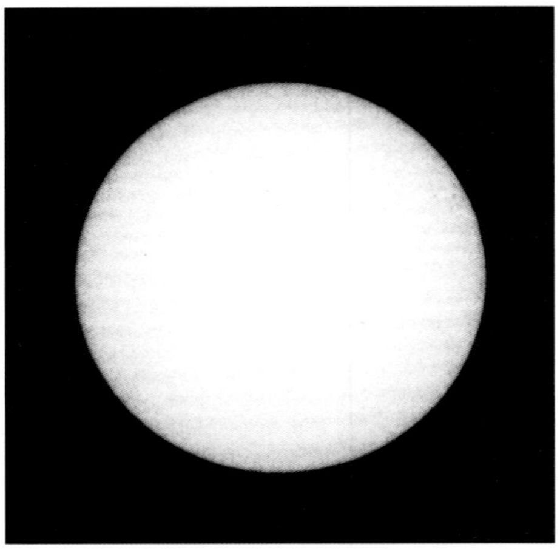

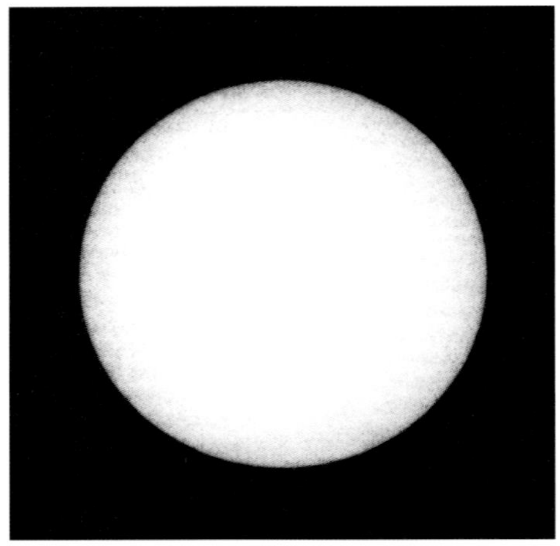

Sonne am 30. März, 11:00 Uhr (vor Kassel)
Sun on 30 March, 11:00 am (approaching Kassel)

Sonne am 30. März, 16:30 Uhr (vor Rotenburg)
Sun on 30 March, 4:30 pm (approaching Rotenburg)

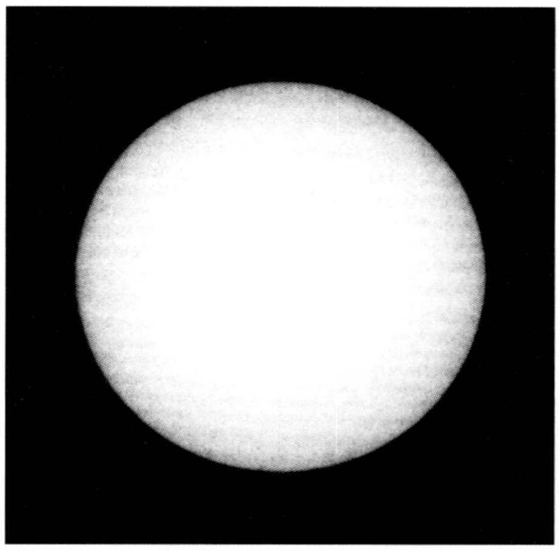

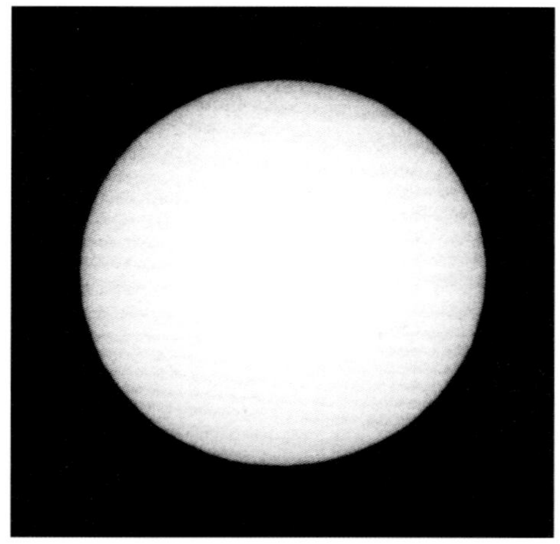

Sonne am 3. April, 9:17 Uhr (Mainz)
Sun on 3 April, 9:17 am (Mainz)

Sonne am 5. April, 11:02 Uhr (Mainz)
Sun on 5 April, 11:02 am (Mainz)

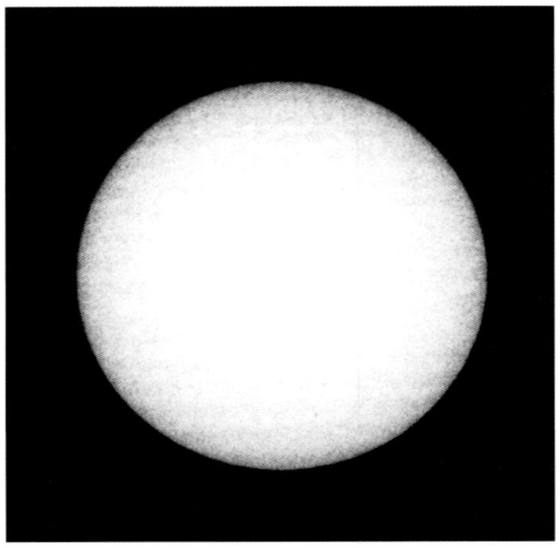

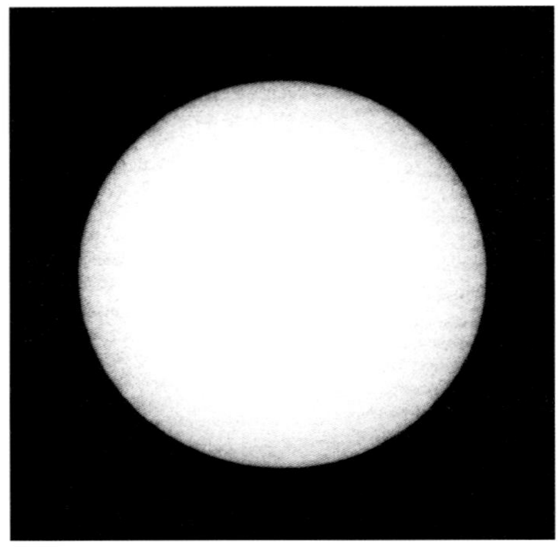

Sonne am 9. April, 10:30 Uhr (hinter Lauterecken)
Sun on 9 April, 10:30 am (beyond Lauterecken)

Sonne am 12. April, 17:21 Uhr (Lunéville)
Sun on 12 April, 5:21 pm (Lunéville)

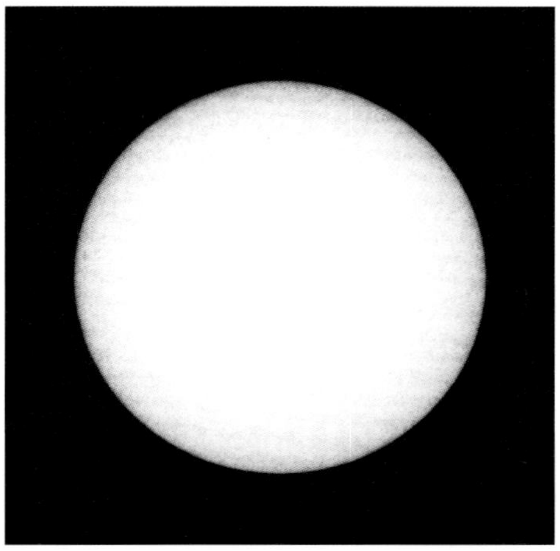

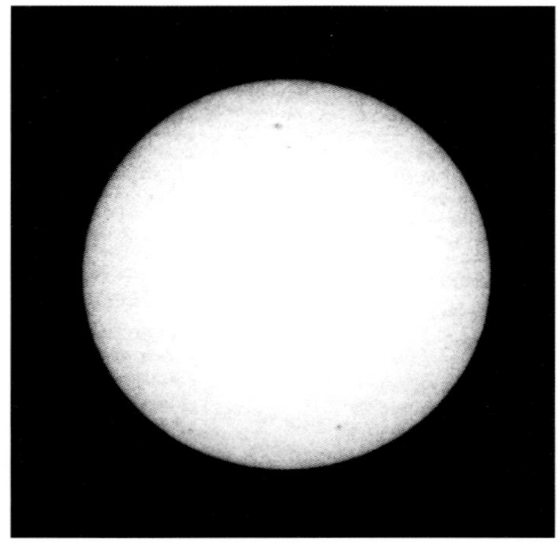

Sonne am 13. April, 13:42 Uhr (Charmes)
Sun on 13 April, 1:42 pm (Charmes)

Sonne am 15. April, 17:24 Uhr (vor Heuilley-sur-Saône)
Sun on 15 April, 5:24 pm (approaching Heuilley-sur-Saône)

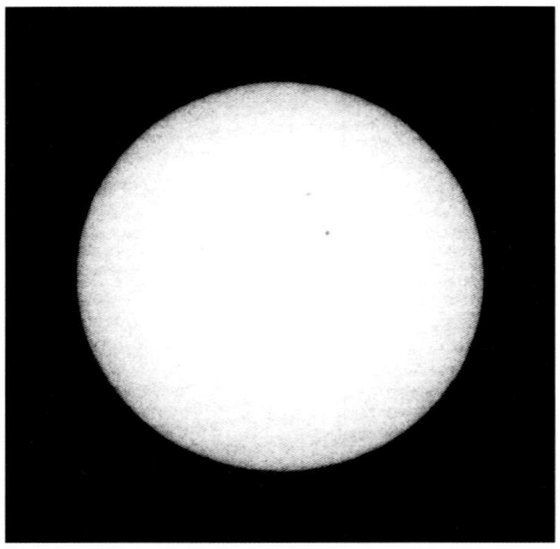

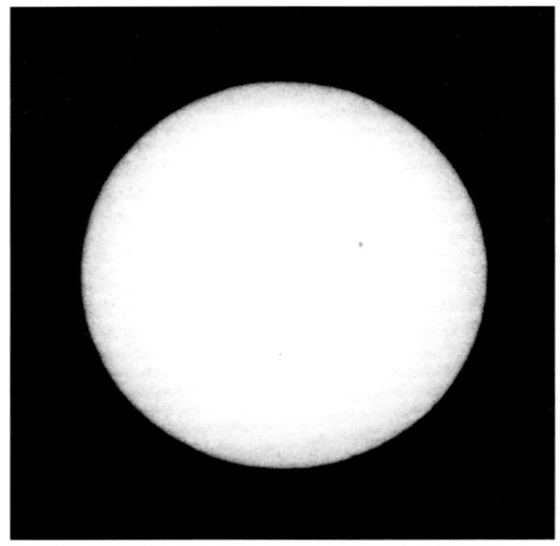

Sonne am 17. April, 18:43 Uhr (Chalon-sur-Saône)
Sun on 17 April, 6:43 pm (Chalon-sur-Saône)

Sonne am 19. April, 13:43 Uhr (Couvent Sainte-Marie de la Tourette)
Sun on 19 April, 1:43 pm (Couvent Sainte-Marie de la Tourette)

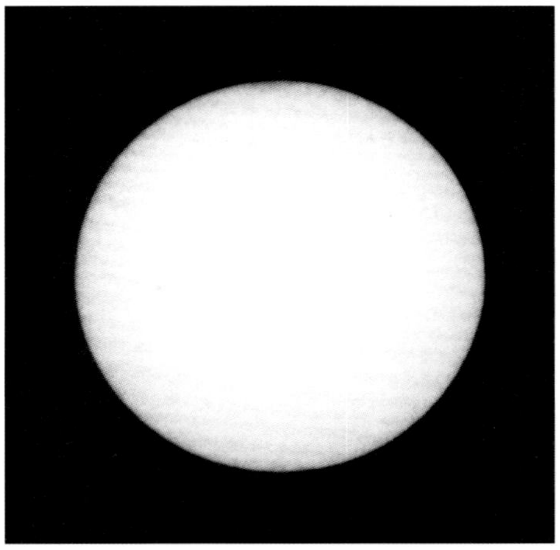

Sonne am 24. April, 13:13 Uhr (Mont Ventoux)
Sun on 24 April, 1:13 pm (Mont Ventoux)

Fenster in Le Gras	Silbergelatineabzug	21,6 × 15,9 cm
Window in Le Gras	Gelatin silver print	2023

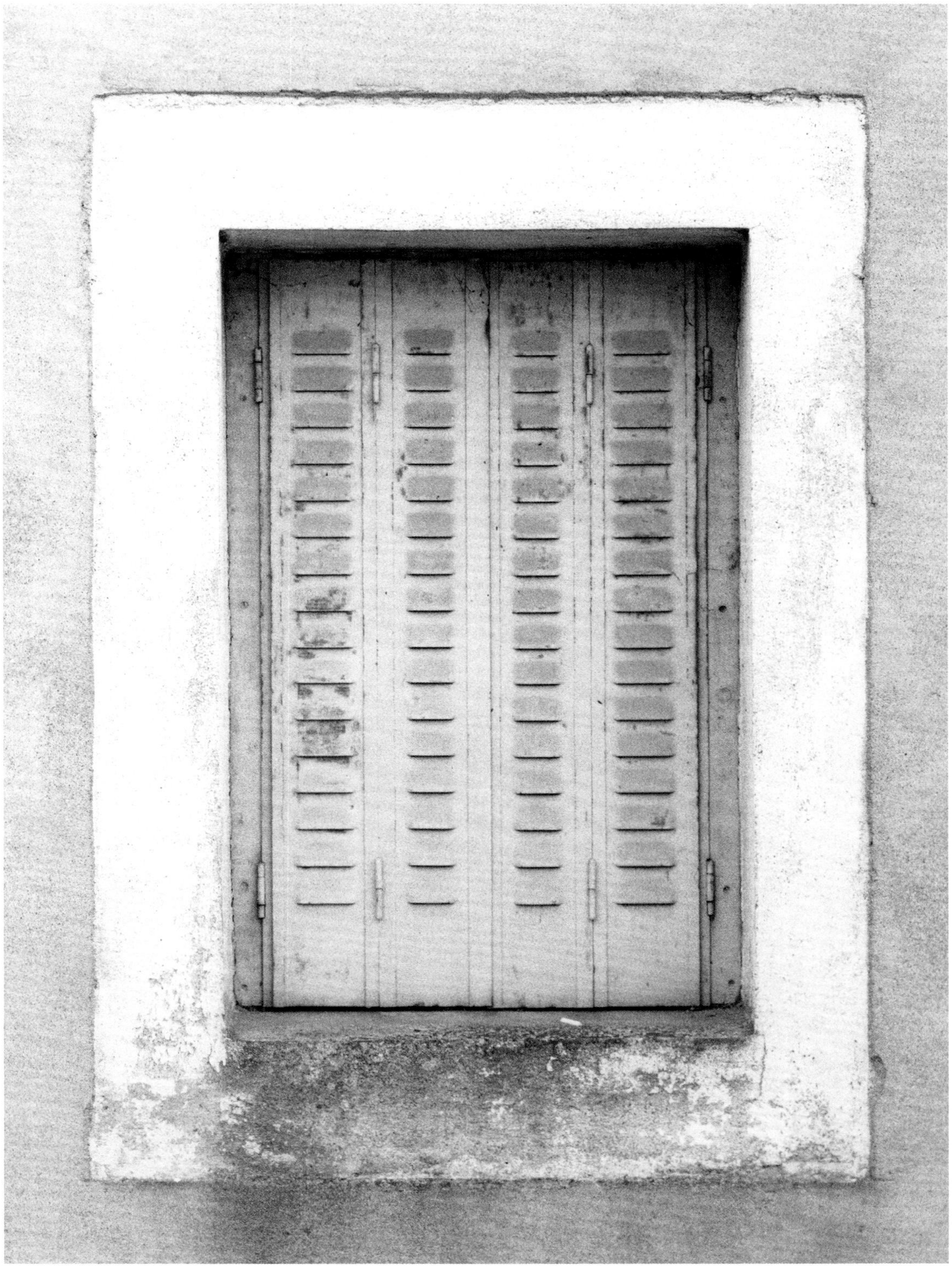

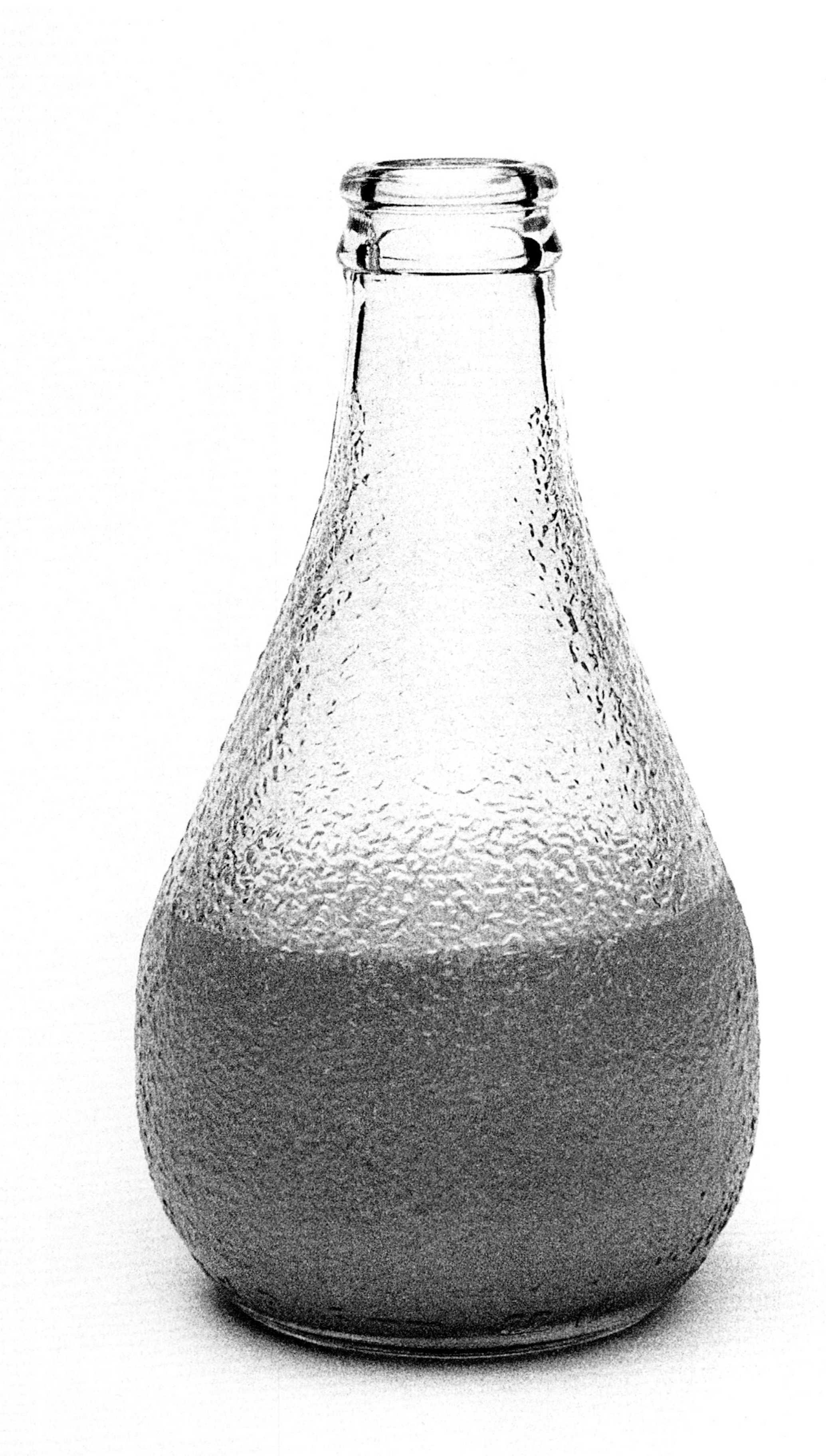

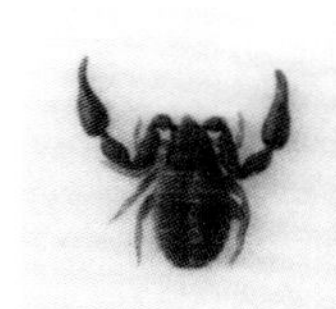

Orangina Silbergelatineabzug 36 × 21,4 cm
Orangina Gelatin silver print 2023

Bücherskorpion Silbergelatineabzug 2,2 × 2,2 cm
Book Scorpion Gelatin silver print 2023

Segelschiff	Silbergelatineabzug	31,2 × 32,8 cm
Sailing Ship	Gelatin silver print	2023

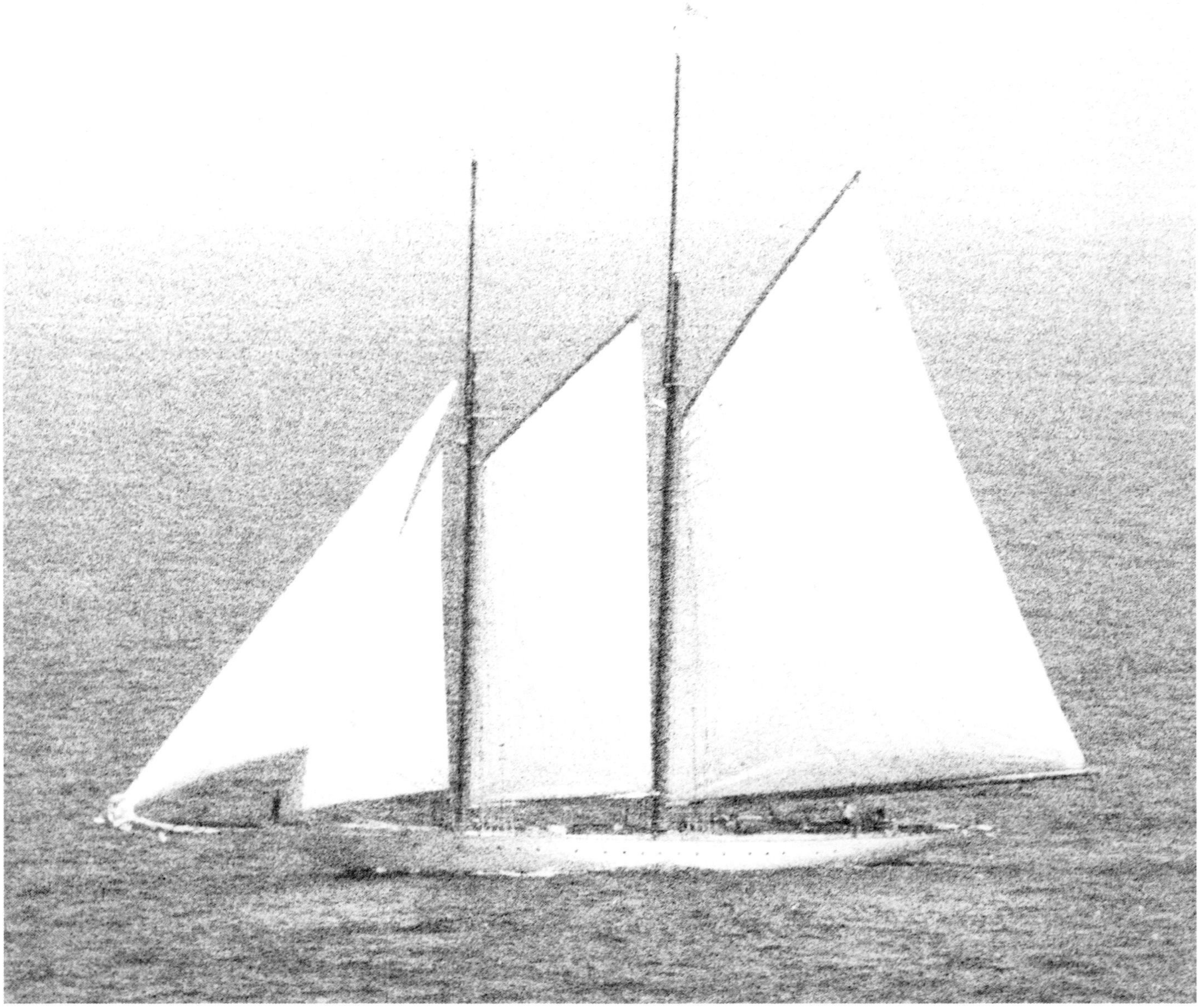

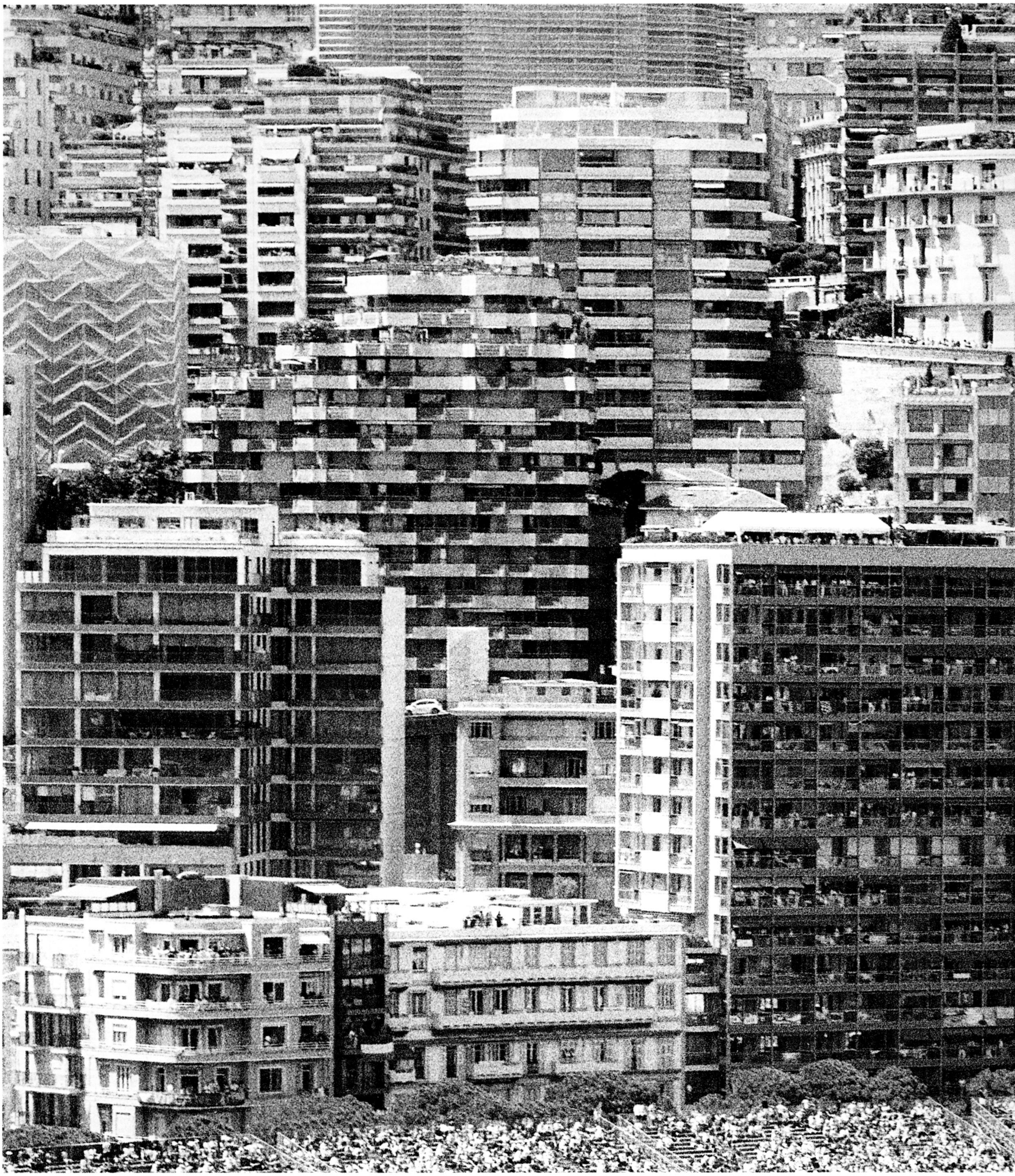

Der Große Preis von Monaco	Silbergelatineabzug	26,3 × 47,2 cm
The Monaco Grand Prix	Gelatin silver print	2023

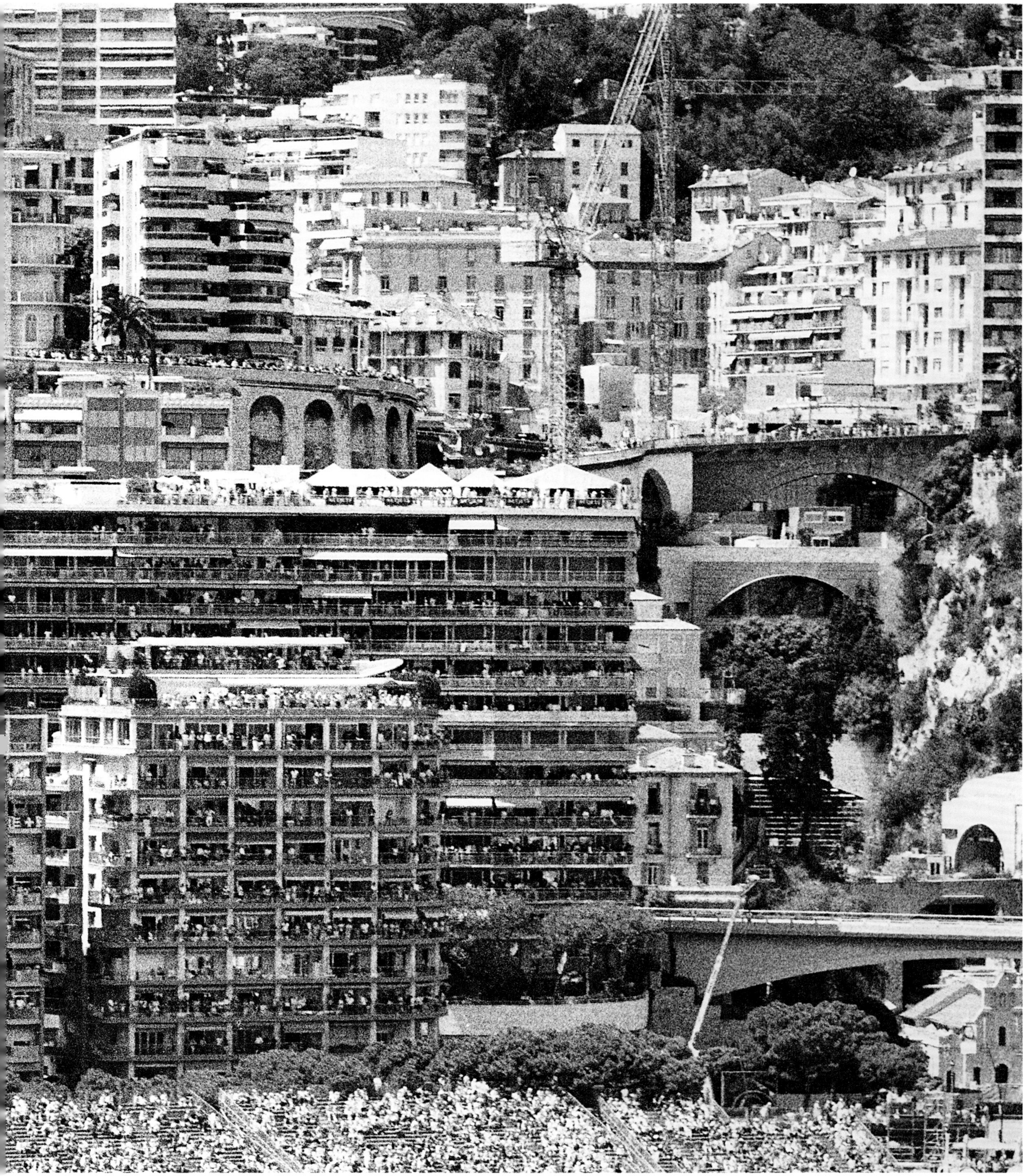

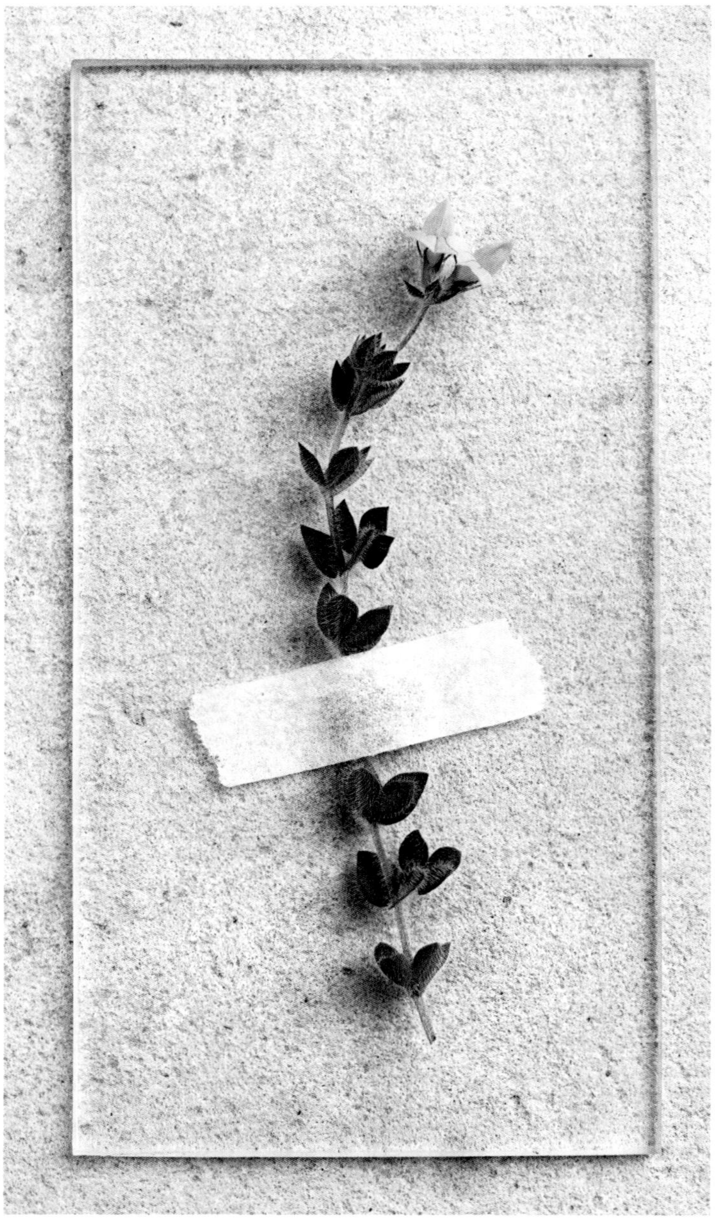

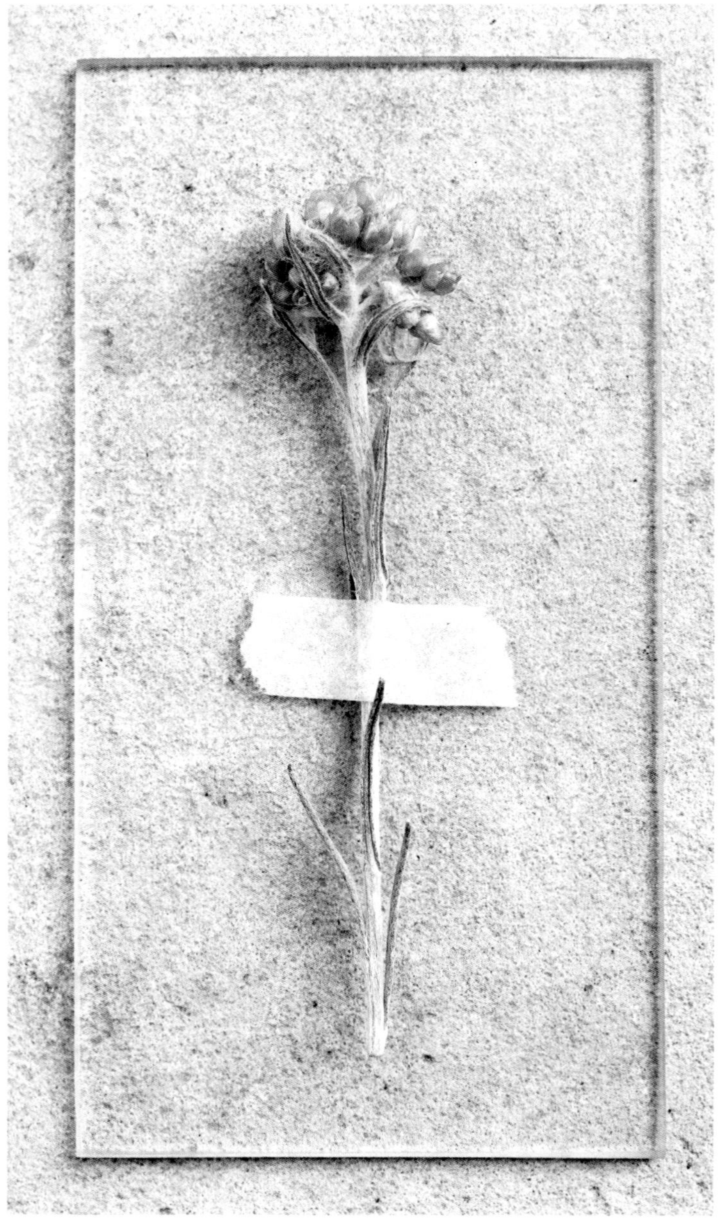

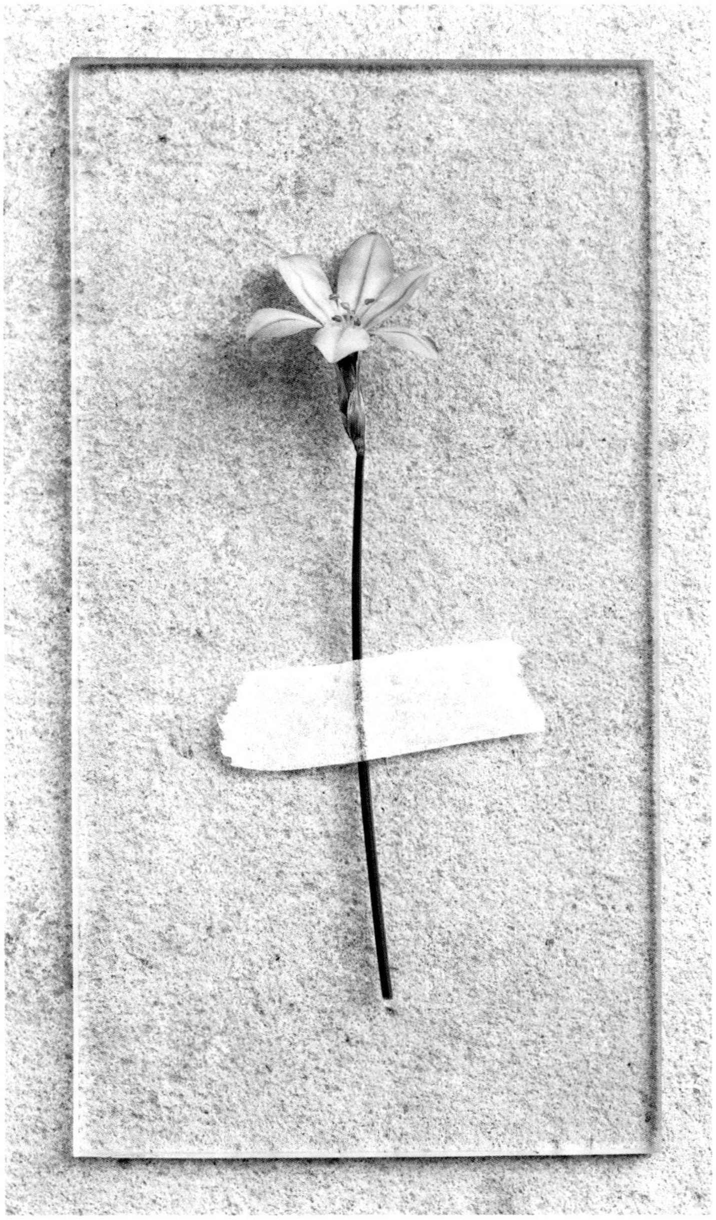

Blumen am Mont Ventoux-Triptychon Silbergelatineabzug je/each 65,4 × 38 cm
Flowers on Mont Ventoux-Triptych Gelatin silver prints 2023

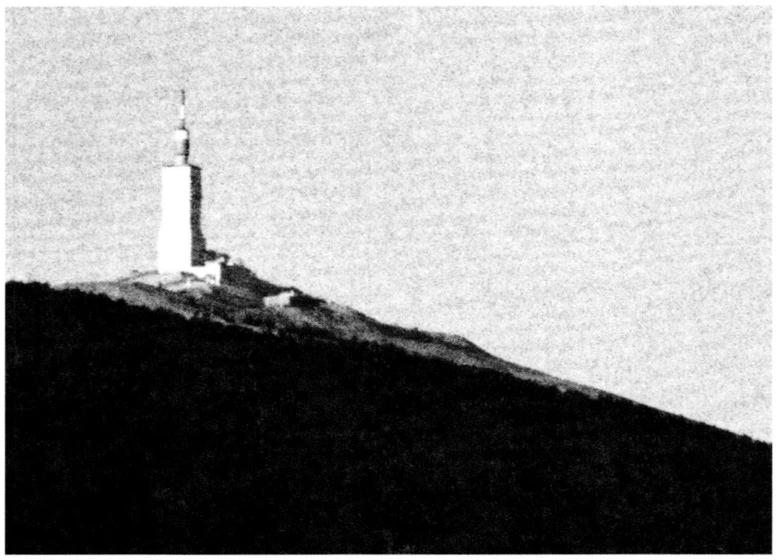

Mont Ventoux	Silbergelatineabzug	22 × 29,7 cm
Mont Ventoux	Gelatin silver print	2023

Skorpion	Silbergelatineabzug	25,8 × 36 cm
Scorpion	Gelatin silver print	2023

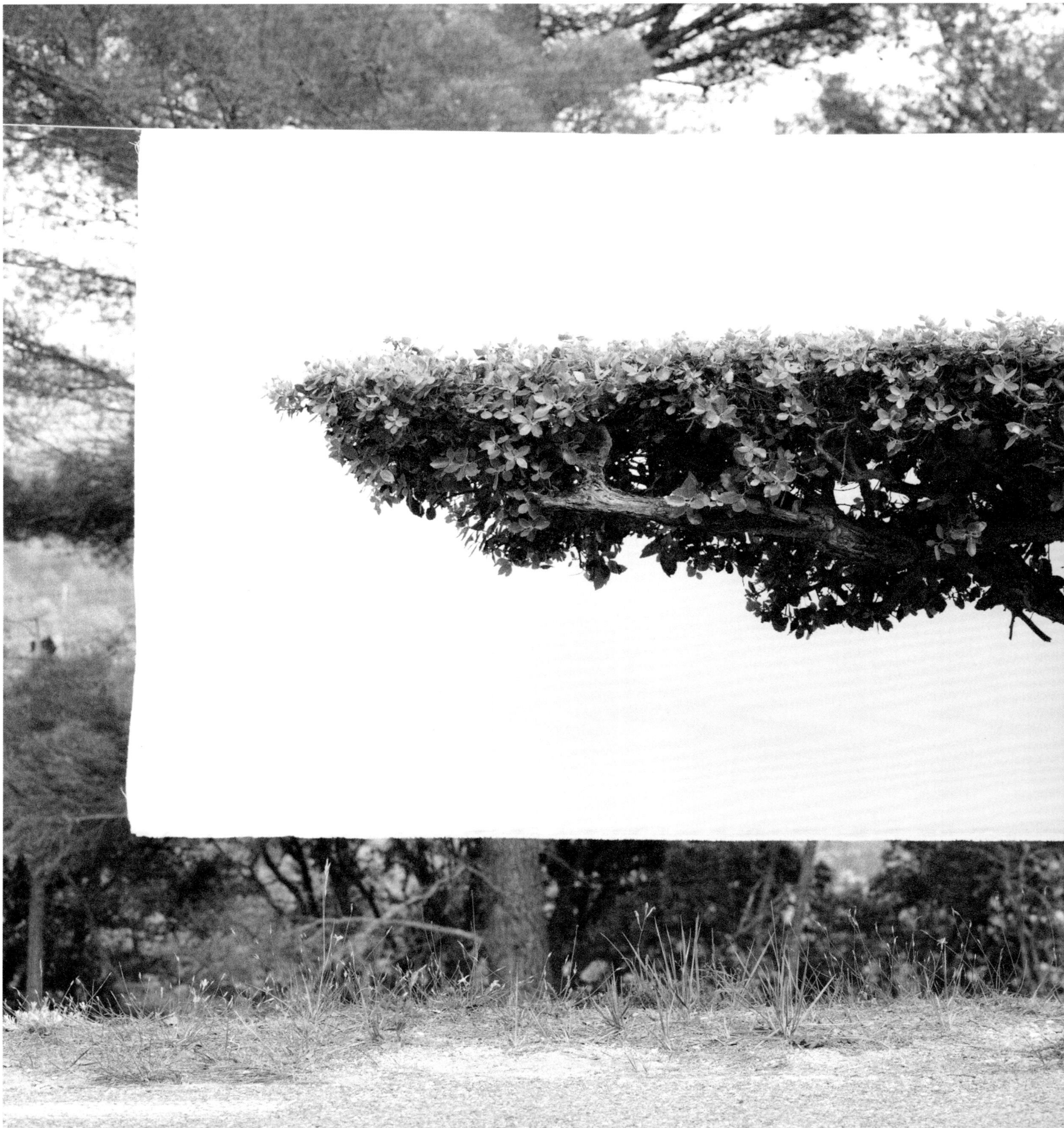

Baum X (Route de Malaucène)	Pigmentdruck	140 × 255 cm
Tree X (Route de Malaucène)	Ink jet print	2023

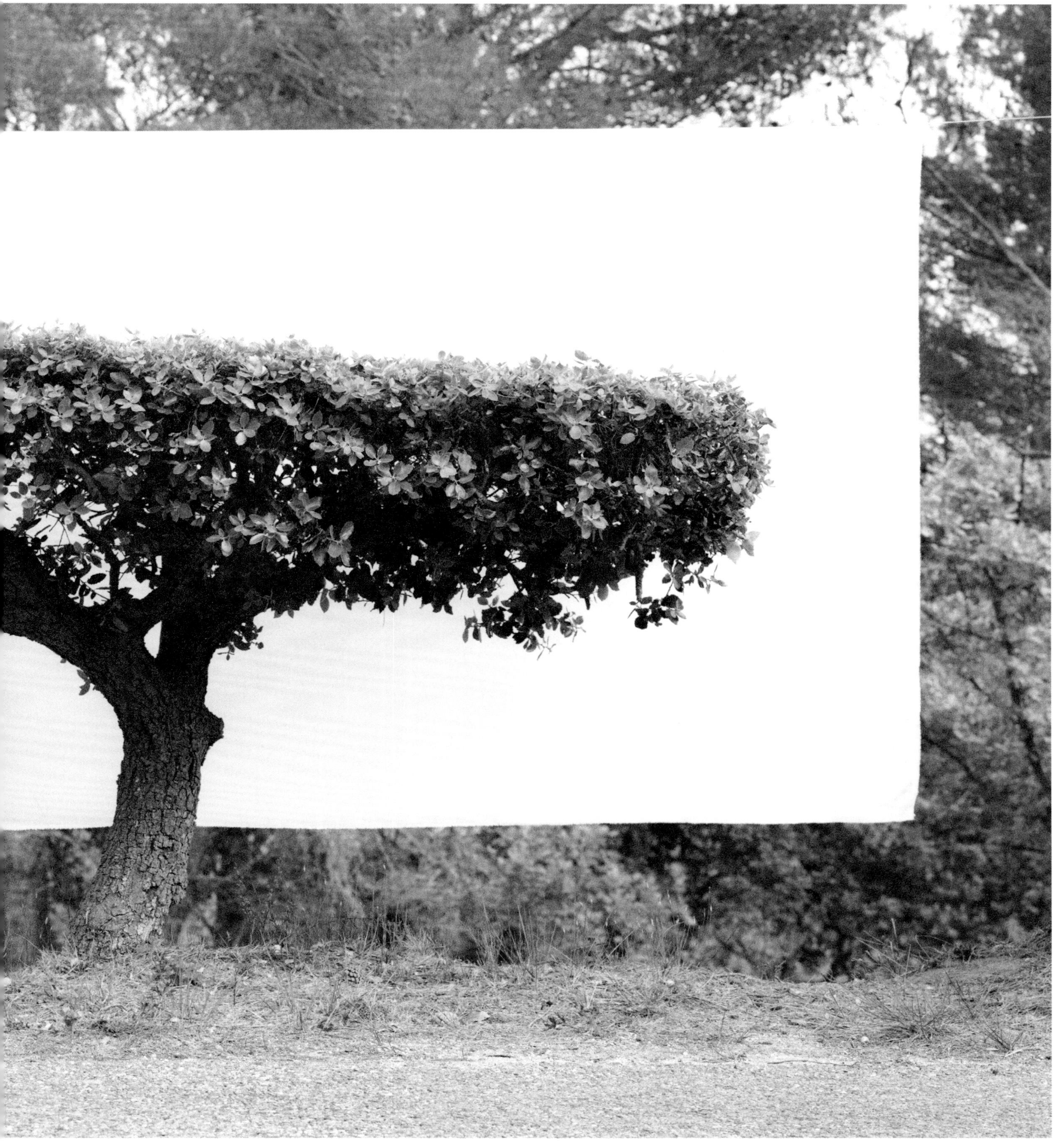

Die Mittagskanone von Nizza am 26. Mai 2023 | Silbergelatineabzug | 13,6 × 11,8 cm
The Nice Midday Cannon on 26 May, 2023 | Gelatin silver print | 2023

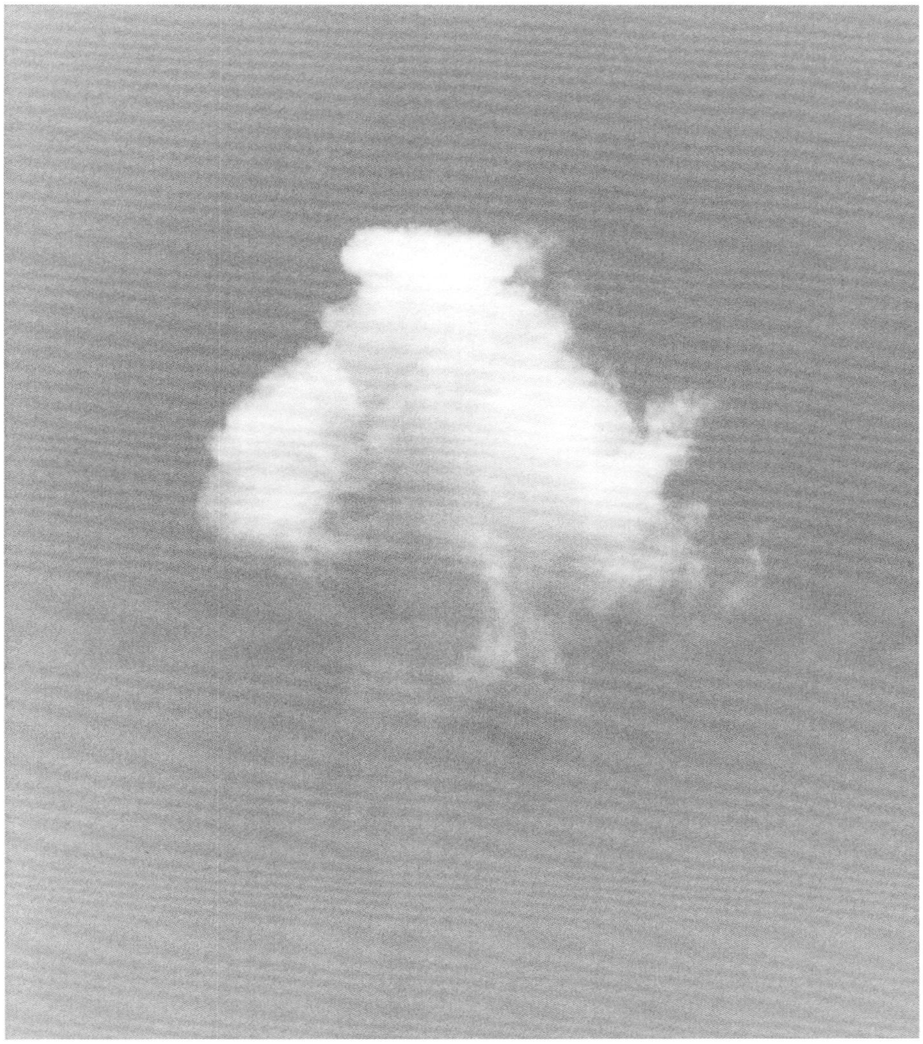

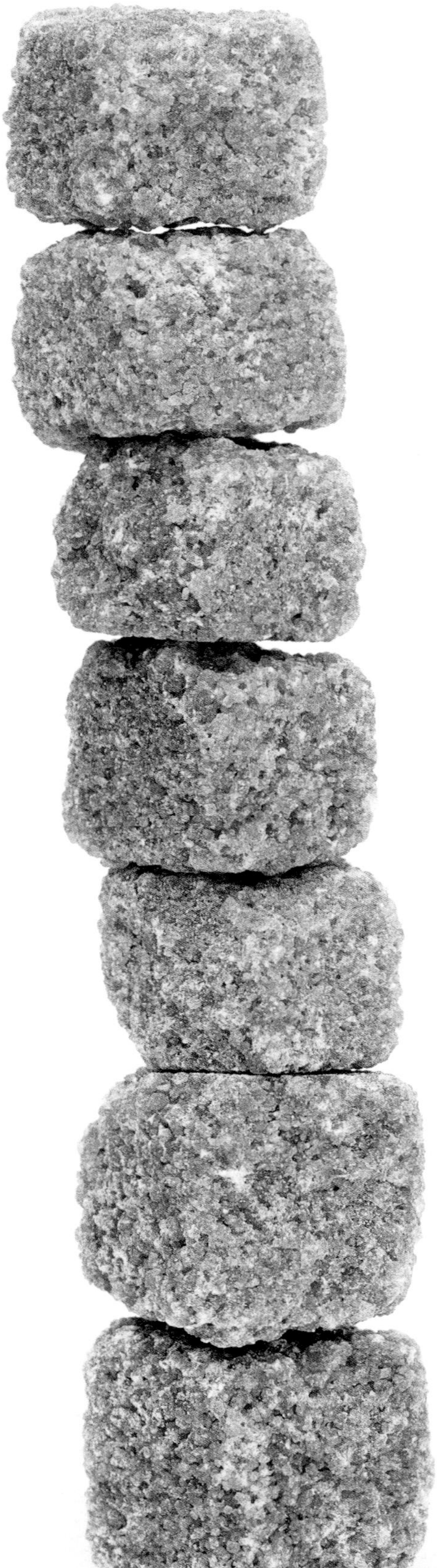

Rohrzuckerwürfelsäule	Silbergelatineabzug	100,1 × 37,5 cm
Cane Sugar Cube Column	Gelatin silver print	2023

Mistralfänger	Silbergelatineabzug	45 × 29,2 cm
Mistral Catcher	Gelatin silver print	2023

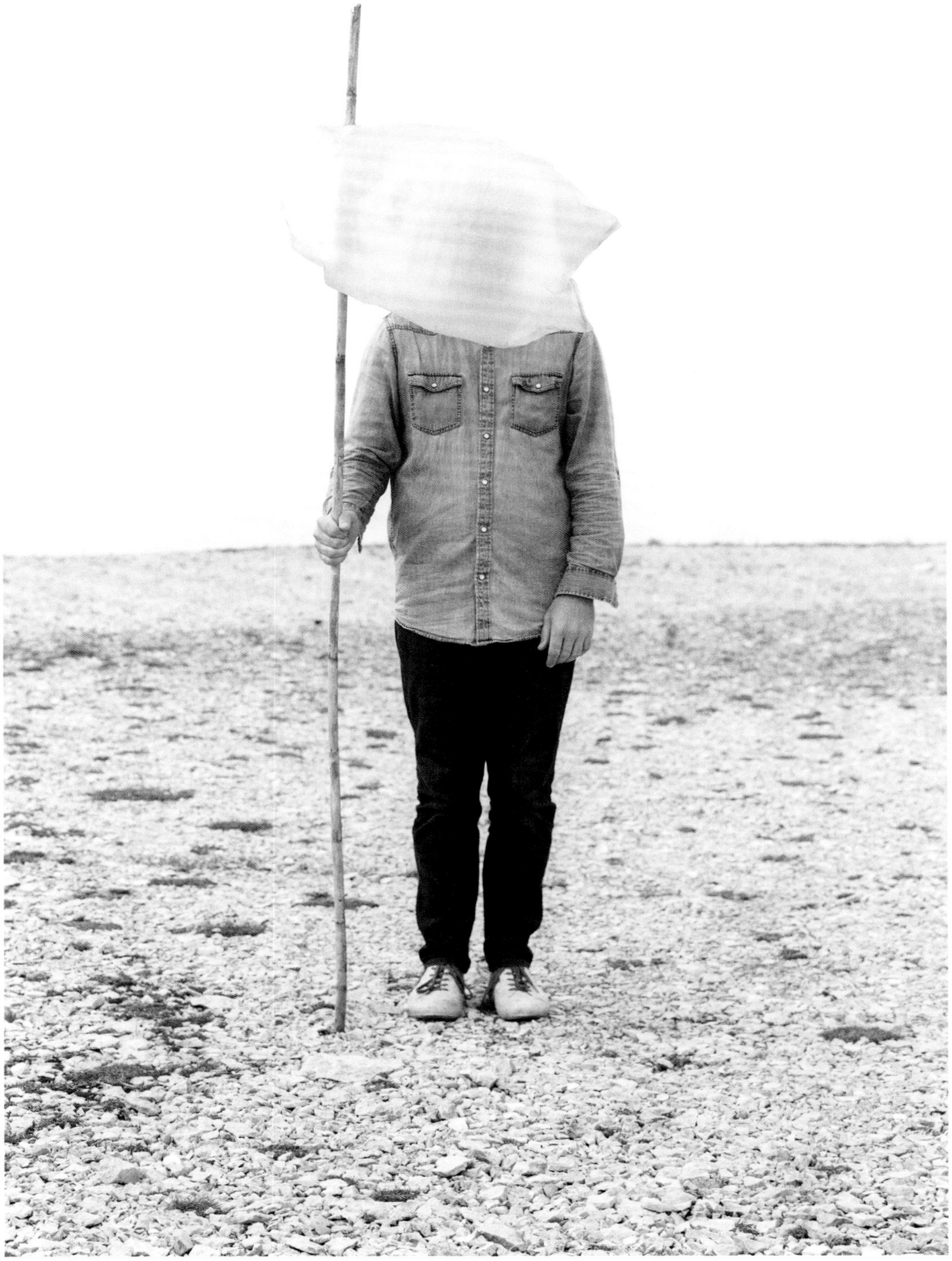

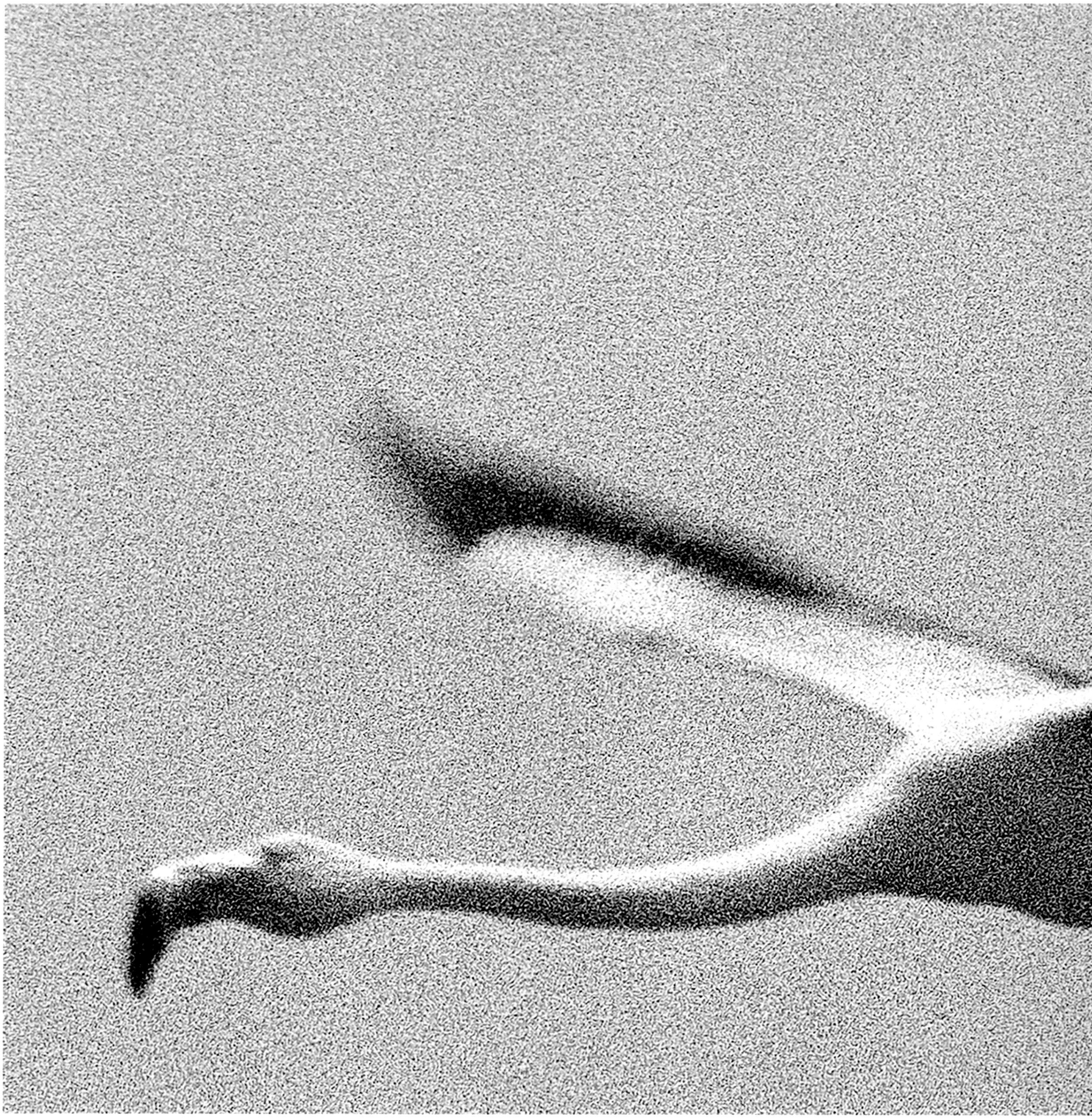

Flamingo	Silbergelatineabzug	60,8 × 120,2 cm
Flamingo	Gelatin silver print	2023

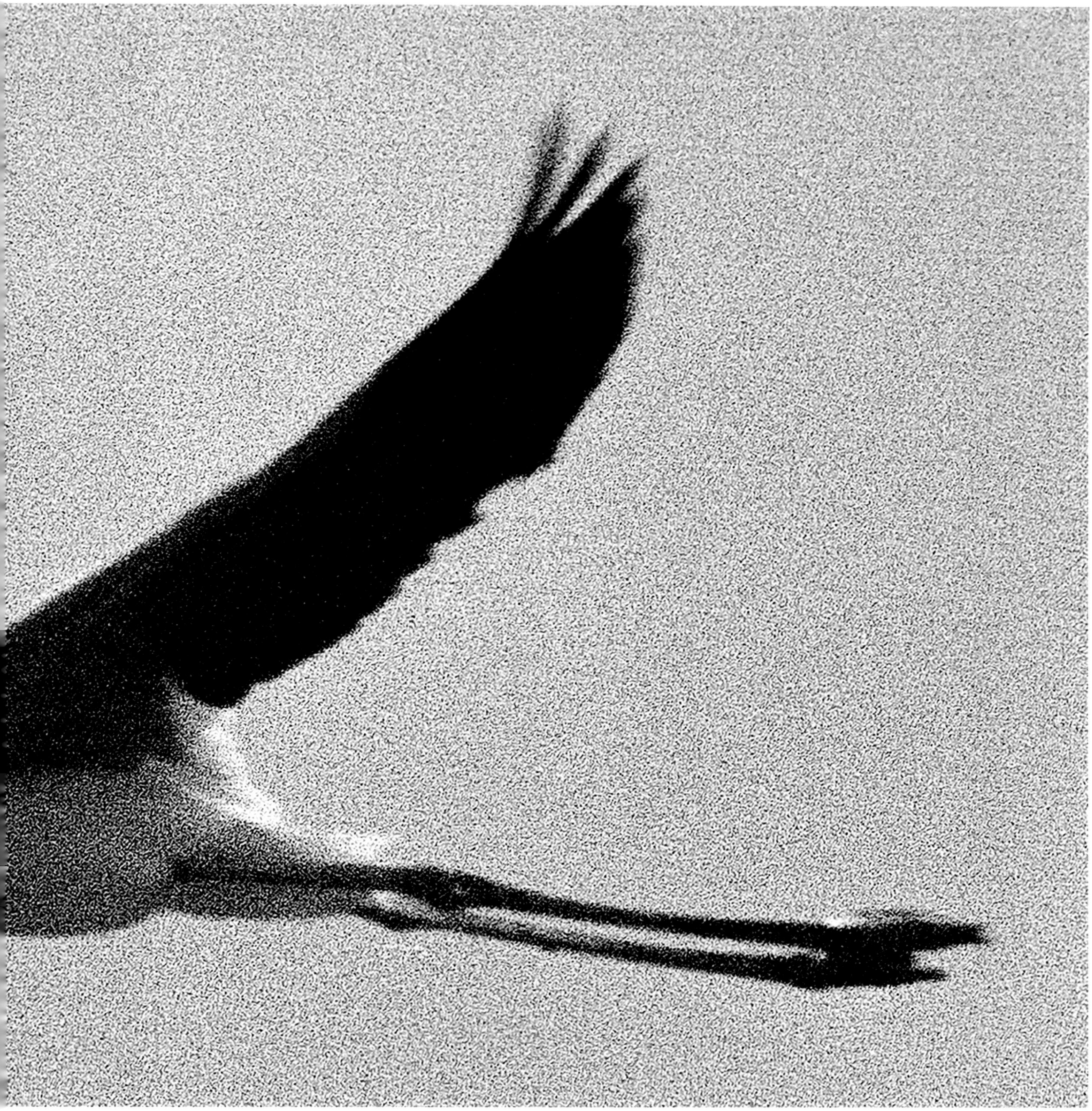

Aquädukt	Silbergelatineabzug	36,7 × 31,6 cm
Aqueduct	Gelatin silver print	2023

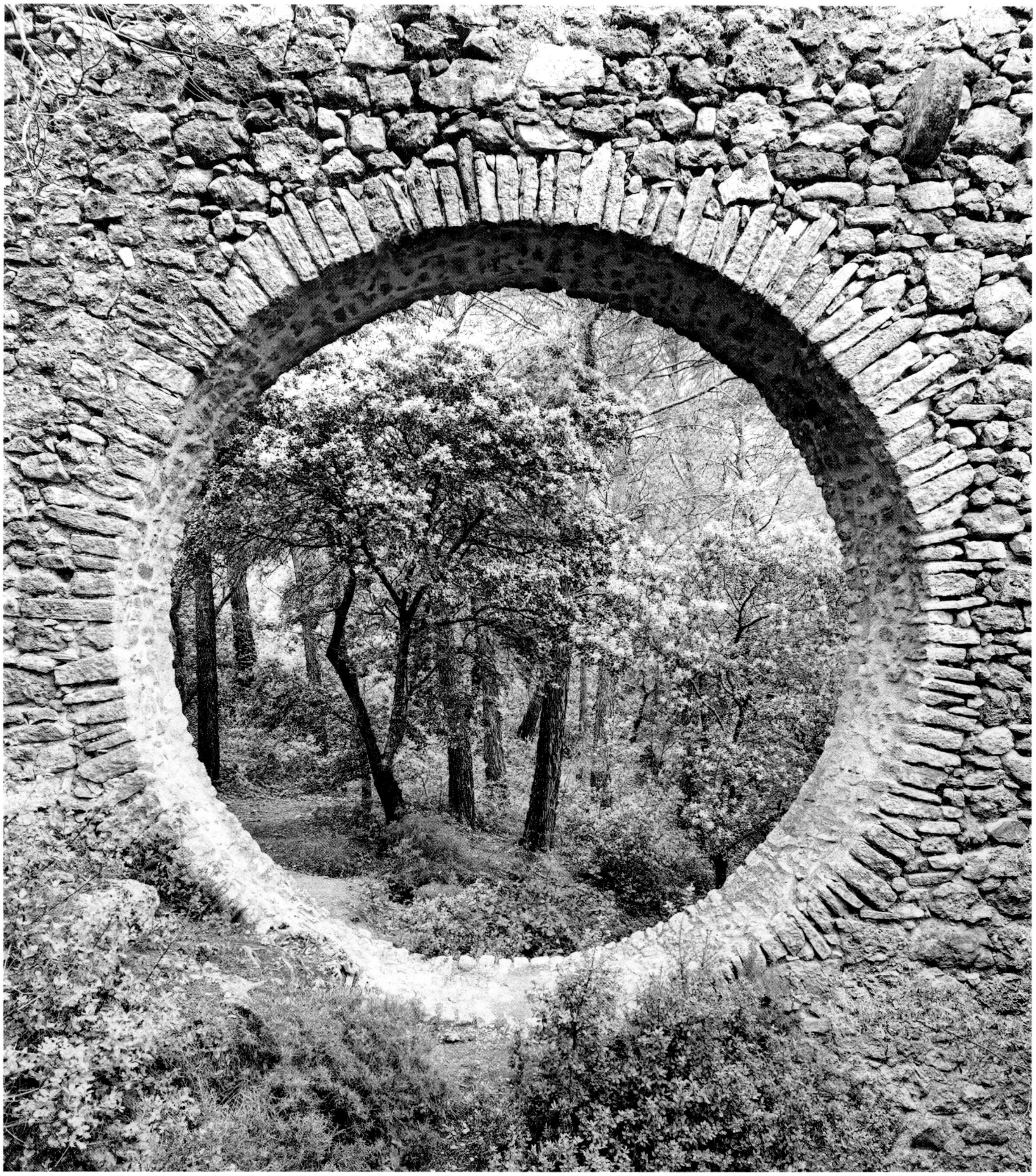

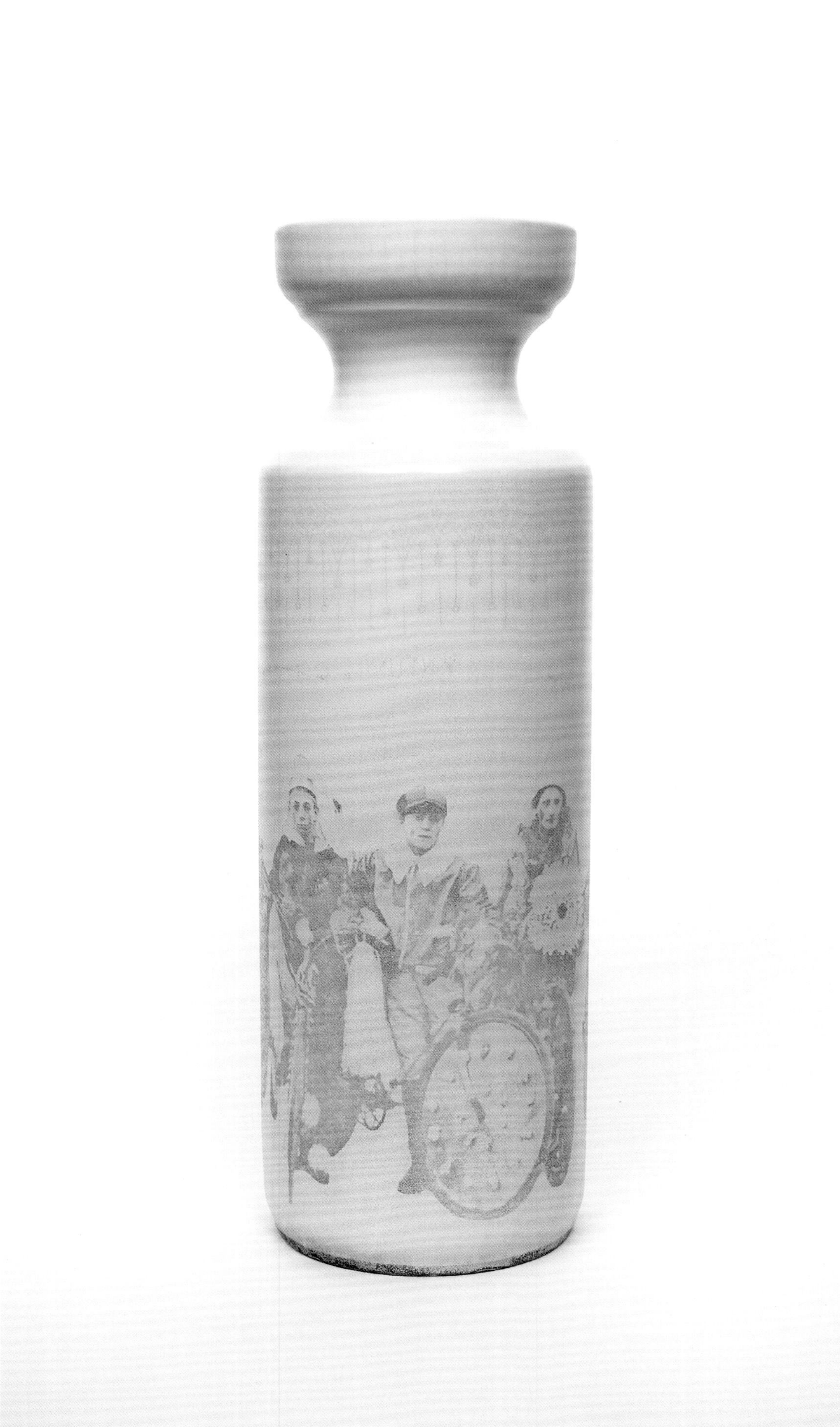

Le carnaval à Malaucène-Vase	Cyanotypie auf Porzellanvase	30,5 × 9,8 × 9,8 cm
Le carnaval à Malaucène-vase	Cyanotype on porcelain vase	2023

Mont Ventoux

Was das Reisen mit einem Menschen macht, lässt sich schwer ins Bild setzen. Bekanntlich kehrt man nicht als die Person zurück, als die man einst auszog, sondern um solche Erfahrungen und Eindrücke reicher, zu denen es zu Hause nicht gekommen wäre. Sehenswürdigkeiten und Landschaften lassen sich filmisch oder fotografisch festhalten, aber die eigenen Gedanken und berührende Begegnungen wie auch die Bewegung selbst sichtbar werden zu lassen, ist umso schwieriger. Wie lässt sich so ein Prozess künstlerisch bearbeiten?

Im Frühjahr 2023 fuhr der Künstler Christian Retschlag per Fahrrad zum Mont Ventoux, um einige Zeit am Berg zu verbringen. Die Reise führte von Hannover über Mainz, das Elsass und schließlich in die Provence. Etwa 1.595 Kilometer Wegstrecke sind das. Oder circa 886.072 Radlängen, wenn man das Fahrrad als Maßeinheit verwenden würde. Diese Reise und seine Auseinandersetzung mit dem Berg hat Retschlag fotografisch festgehalten.

So beginnt die Aufzeichnung der Bewegung von A nach B mit der Reihe «Frühstücksmesser auf einer Reise mit dem Fahrrad von Hannover zum Mont Ventoux» (S. 20 ff.). Es handelt sich um die 23 Messer, die in den Pensionen und Hotels entlang seiner Reiseroute auf den morgendlichen Frühstückstischen auf ihren Einsatz warteten. Man wundert sich, dass dieses einfache Konzept – eine Klinge zum Schneiden und Streichen sowie ein Griff – so viele unterschiedliche Erscheinungsformen annehmen kann.
Der kühle Realismus der Aufnahmen und ihre nüchternen Titel (die einzelnen Bilder sind durchnummeriert und tragen in Klammern den Ort ihrer Entstehung) erinnert an die fotografische Bildsprache der Neuen Sachlichkeit, die sich auf eine objektive Wiedergabe von Struktur und Form ihres Gegenstandes konzentrierte. Der eng gefasste Bildausschnitt lässt diese Eigenheiten besonders deutlich hervortreten: Da sind sanft geschwungene Griffe, dekorative Ziselierungen, Schmiedemarken und geprägte Firmenlogos auf der Klinge, die eine kleine Zahnung (Säge oder Welle) aufweist. Aber es gibt auch stumpfe Schneiden, die wohl nur zum Butterstreichen taugen. Eines der Messer hat einen Plastikgriff. Alle sind aus Metall gefertigt, ihre silbernen Körper übersetzt die Schwarz-Weiß-Fotografie in unendlich viele Grautöne und feines Korn.

Im Gegensatz zu ihrer senkrechten Ausrichtung auf dem Tisch dreht Christian Retschlag die Messer in die Horizontale, das verwandelt sie von einem Ausrufezeichen in eine Querlinie. So lassen sie mich auch an altertümliche Maßeinheiten wie den Fuß oder ein haushaltsübliches Lineal denken. Messer – das klingt doch erst einmal nach Messen; etymologisch hat das Wort freilich einen anderen Ursprung. Ich überschlage trotzdem: Der Weg von Hannover zum Mount Ventoux ist ungefähr 7.250.000 Tafelmesser lang. Zum Glück gibt es praktischere Parameter, um eine solche Strecke anschaulich zu machen, sowie den Komfort der Gegenwart, der in jeder Unterkunft mit einem kompletten Besteck aufwartet.

Für die längste Zeit seit seiner Erfindung war das Messer nämlich ein persönlicher Gegenstand, den die Menschen stets bei sich trugen. Erst in der frühen Neuzeit, auch bedingt durch neue Möglichkeiten der Metallverarbeitung, entwickelte sich das fein verzierte Tafelmesser, das man als Gast in vornehmer Tafelrunde neben dem Teller fand. Bis dies auch in einfachen Gasthöfen gang und gäbe war, vergingen dann noch ein paar Jahrhunderte.
Der französische Messerschmied und Anatom Jean-Jacques Perret beschrieb 1771 in seinem Buch «L'Art du Coutelier» (Die Kunst des Messerschmieds) detailliert die Arbeitsschritte bei der Produktion von Messern und medizinischen Instrumenten. Das Werk, illustriert mit zahlreichen Kupferstichen, in denen die Messer aufrecht in Reih und Glied gezeigt werden, wurde schnell zu einem Standardwerk und trug dazu bei, dass Frankreich im 18. Jahrhundert zum Marktführer im Bereich Klapp- und Taschenmesser aufstieg. Bald darauf führten die im Zuge der Industrialisierung entwickelten neuen seriellen Fertigungstechniken (wie z.B. das Stanzen) dazu, dass aus dem kostbaren Unikat ein erschwingliches Massenprodukt wurde. Unter anderem die Württembergische Metallwarenfabrik

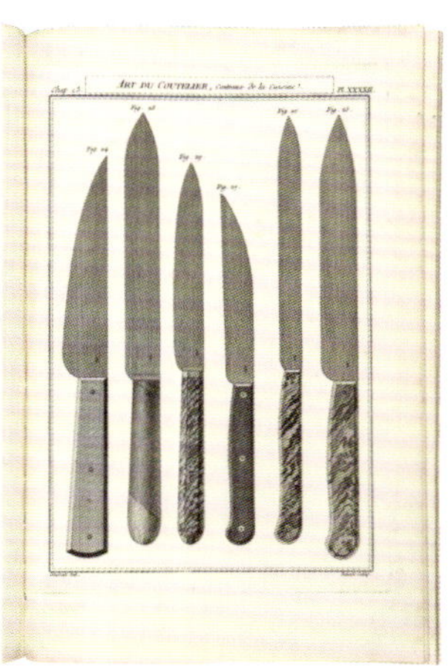

Jean-Jacques Perret
«L'Art du Coutelier, Part I», Pl.XXXXII
41,5 x 28 cm, 1771
Wilhelm-Fabry-Museum

(WMF) profitierte davon: Seit 1893 fertigte sie auch galvanisch versilberte Bestecke und entwickelte mit der Marke Cromargan ab den 1920er Jahren Bestecke aus rostfreiem Edelstahl, wie sie heute in vielen deutschen Haushalten zu finden sind und offensichtlich auch in Pensionen in Rotenburg an der Fulda, Mainz und in Lauterecken.

Neben den Messern hält Christian Retschlag in einer weiteren Reihe den Prozess des Reisens fest. Zwölfmal hat er die Sonne fotografiert – der Versuch, die Quelle des Lichts selbst auf Papier zu bannen. Ein fotografischeres Thema kann es wohl kaum geben! Auf den ersten Blick wirken die Bilder ungegenständlich und identisch. Zu sehen ist ein nahezu weißer Kreis in einem schwarzen Quadrat im Maß 6 × 6 cm – doch beim genauen Hinschauen erkennt man in der weißen Fläche des Himmelskörpers Unterschiede bei den Sonnenflecken. Im Gegensatz zum optischen Eindruck sind sie nicht schwarz, die Sonnenoberfläche ist hier nur kälter und strahlt deswegen weniger sichtbares Licht ab. Der Titel der Reihe «Die Sonne auf dem Weg von Hannover zum Mont Ventoux» (S. 32 ff.) und die einzelnen Titel der Aufnahmen geben Aufschluss darüber, wo die Fotografien gemacht wurden. Wir erfahren zum Beispiel, dass die Aufnahme #2 am 30. März 2023 um 11:00 Uhr vor Kassel entstand und die Aufnahme #10 am 17. April 2023 um 18:43 Uhr in Chalon-sur-Saône. Ohne diese Angaben, die trotz ihrer Ortsnennung jedoch nicht spezifisch genug sind, um dem vermeintlich wissenschaftlich-dokumentarischen Anspruch ihrer Bezeichnung gerecht zu werden, bliebe jede Art der Identifizierung unmöglich. Die Serialität betont denn auch umso mehr die abstrakte Qualität der Bilder. Die Reisestrecke, für den einzelnen Menschen auf der Erde eine große Distanz, ist aus solarer Perspektive unerheblich – die Sonne scheint nahezu gleichbleibend vom Himmel herab. Und auch die Bedeutung, die der Himmelskörper für alles Leben auf der Erde hat, ist in ihrer miniaturhaften Darstellung kaum greifbar.

Und doch steht das Sonnenlicht am Anfang der Fotografie. 1826 gelingt dem Erfinder Joseph Nicéphore Niépce die erste erfolgreich aufgenommene und erhalten gebliebene Fotografie der Welt. Zu sehen ist der Blick aus Niépces Arbeitszimmer im Gutshof Le Gras in Saint-Loup-de-Varennes, in der Nähe von Chalon. Erfasst wurde er mittels einer Camera obscura, einer Lochkamera, auf einer mit Asphalt beschichteten Zinnplatte im Maß von etwa 16 × 20 cm. Der Asphalt härtete unter Lichteinwirkung aus (die Belichtungszeit betrug circa 8 Stunden) und wurde mit Lavendelöl entwickelt und fixiert. Niépce nannte sein Verfahren Heliografie, «von der Sonne gezeichnet», und versuchte Zeit seines Lebens vergeblich einen kommerziellen Nutzen aus der Methode zu ziehen. Erst ein paar Jahre nach seinem Tod gelang seinem Kollaborationspartner Louis Daguerre mit der Daguerreotypie die Entwicklung eines marktauglichen Verfahrens, das 1839 der Öffentlichkeit vorgestellt wurde.

Seine Reise zum Ventoux führt Christian Retschlag auch durch eben jenen Geburtsort der Fotografie, Saint-Loup-de-Varennes. Sein «Fenster in Le Gras» (S. 40) zeigt einen geschlossenen Fensterladen mit Witterungsspuren. Eingeweihten bietet der Titel einen Hinweis auf den geschichtsträchtigen Ort und die ikonische erste Aufnahme, die am Beginn der Revolution der Bilderwelt im 19. Jahrhundert steht. Retschlag richtet selbst sein Objektiv auf Niépces Fenster, das aus dieser Perspektive kaum als besagte epochemachende Lichtöffnung zu erkennen ist, sondern als typisches Fenster im lokalen Baustil erscheint. Für den Abzug wählt er die Größe der legendären Zinnplatte und macht daraus ein Hochformat.

Am 23. April endet Retschlags persönliche Tour de France mit der Ankunft am Mont Ventoux in den provenzalischen Voralpen: ein isoliert stehendes Bergmassiv aus Kalkstein mit einem charakteristischen Kalkschotterfeld direkt unterhalb des Gipfels mit seinen 1.909 Metern über dem Meeresspiegel. Von hier oben kann man bei guter Sicht das Meer und im Osten die Gipfel der Alpen und im Südwesten die der Pyrenäen sehen, nicht weit entfernt liegen die Städte Avignon und Orange. Der Name des Berges wurde lange von Mons Ventosus (lat.: «windiger Berg»)

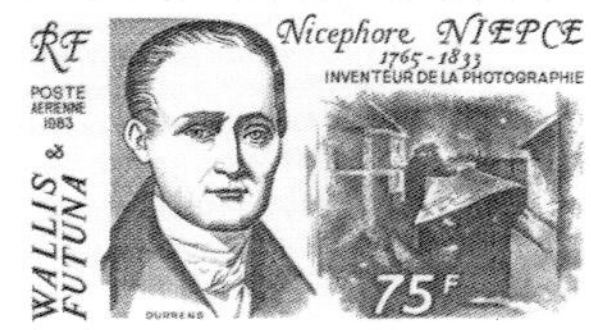

Flugpostmarke vom französischen Überseegebiet Wallis und Futuna zum 150. Todestag von Niépce, 1983

Airmail stamp from the French overseas territory of Wallis and Futuna celebrating Niépce's 150th death anniversary, 1983

abgeleitet. Neuste Forschungen sehen den Ursprung des Wortes im Vorlateinischen und übersetzen den Namen mit «der Berg, der von Weitem sichtbar ist». Beides sind treffende Beschreibungen, denn die aus vielen Blickrichtungen kegelförmig scheinende Gestalt des Berges ist schon von Weitem zu sehen, und der Mistral, ein rauer und kühler Fallwind, macht auch vor dem Ventoux nicht halt.

Die Faszination für diesen Berg reicht Jahrtausende zurück, viele Menschen haben in dieser Zeit den Ventoux erklommen. Schon die Kelten, und womöglich noch ältere Kulturen, verehrten ihn als heiligen Berg. 1951 stand der Berg erstmals bei der Tour de France auf dem Streckenplan und bot seitdem rund fünfzehnmal die Bühne für eine der Bergetappen des Radrennens. Eine gewisse Berühmtheit erlangte er durch den Dichter und Geschichtsschreiber Francesco Petrarca. Am 26. April 1336 bestieg dieser mit seinem Bruder sowie einigen Dienern den Mount Ventoux, getrieben «einzig von der Begierde, die ungewöhnliche Höhe dieses Flecks Erde durch Augenschein kennenzulernen»[1].
In einem Brief an seinen Freund Francesco Dionigi beschreibt er ausführlich die Strapazen des Aufstiegs und seine Empfindungen und Gedanken bei Ankunft auf dem Gipfel. Dieser wird ihm zum Ort der Reflexion über sein eigenes Leben, über die rechte Lebensführung, er verliert sich im Anblick der Landschaft und der unter ihm liegenden Wolken. Als Lektüre hat er Augustinus' «Confessiones» mit auf den Berg gebracht und schlägt eine beliebige Seite auf: Dort mahnt der Kirchenlehrer in Anbetracht der Größe der Naturschauspiele, nicht ins Staunen zu verfallen, sondern den Blick nach innen zu richten. Ertappt, sich seiner Augenlust hingegeben und Irdisches bewundert zu haben, schließt Petrarca das Buch und beginnt den Abstieg, um gleich nach Ankunft in der Herberge das Erlebte in Literatur zu verwandeln. Der Text schildere, so der Philosoph Jürgen Goldstein, ein «existenzielles Drama»[2], das die inneren Konflikte Petrarcas und die Grenzüberschreitung zwischen Weltzugewandtheit und spiritueller Innerlichkeit zum Thema habe. Der Historiker Jacob Burkhardt erhob im 19. Jahrhundert diese Bergtour zu einem Schlüsselereignis der Renaissance, sah in ihr eine historische Zäsur. Für ihn markierte sie den Übergang der mittelalterlichen Weltanschauung, in der die Natur vor allem Bedrohungspotenzial besaß, hin zu einer veränderten Natur- und Landschaftserfahrung der Neuzeit, in der sich ästhetische und kontemplative Perspektiven mischen.
Petrarca machte den Ventoux erstmalig zum heimlichen Protagonisten, wie nach ihm viele andere, unter anderen der Dichter und Linguist Frédéric Mistral und der Maler Jacob Philipp Hackert. Doch welche Motive findet Christian Retschlag, um sich dem Ventoux zu nähern? Er verzichtet in seiner fotografischen Einlassung auf Landschaftsaufnahmen und atemberaubende Aussichten, ja nahezu auf jegliche Narration und konzentriert sich auf einzelne Momente und Beobachtungen in engen, skizzenhaft wirkenden Bildausschnitten; darunter ein Aquädukt mit einer kreisrunden Öffnung (die Aufnahme wirkt wie ein Echo der Reihe über die Sonne); der Gipfel des Berges mit dem markanten Observatorium; Blüten dortiger Bergpflanzen.
Und dann gibt es Motive, die äußerst isoliert erscheinen: ein Skorpion auf weißem Blatt Papier; ein Turm aus braunem Würfelzucker; und eine Flasche Orangina, auch ohne Etikett als solche sofort zu erkennen. Ein Baum, der aussieht, als ob ihm die obere Hälfte abhandengekommen sei, ist freigestellt durch ein weißes Stück Stoff.
Wirken diese Aufnahmen auf den ersten Blick dokumentarisch, wird bei näherer Betrachtung deutlich, dass es hier um konzeptuelle Überlegungen zur Fotografie geht. Die Bilder reihen sich ein in das Langzeitprojekt «Von der Geste des Zeigens». In dessen Kontext thematisiert Christian Retschlag seit 2016 verschiedene Formen der Präsentation, das Verhältnis von Objekt und Abbildung sowie die Materialität des Bildes. Mittels eines weißen Blatt Papieres oder eines Tuches wird ein Gegenstand, eine Pflanze oder ein Tier aus ihrer bzw. seiner Umgebung herausgelöst. Die Vereinzelung vor weißem Hintergrund lenkt den Blick auf die Eigenheiten der jeweiligen Form, lässt das Individuelle und das Typische hervortreten, wodurch das Porträtierte eigenwillig skulptural erscheint. Auf einmal sehen wir den extra-

[1] F. Petrarca «Dichtungen, Briefe, Schriften», Frankfurt am Main, 1980, S. 88

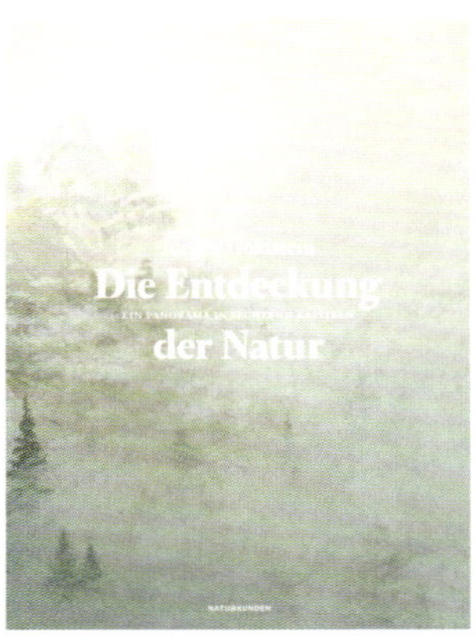

[2] Jürgen Goldstein «Die Entdeckung der Natur: Etappen einer Erfahrungsgeschichte», herausgegeben von Judith Schalansky, S. 32
©2013 MSB Matthes & Seitz Berlin Verlagsgesellschaft mbH

vaganten Schnitt des Baumes, springen uns die Symmetrie der Scheren des Skorpions und die körnige Oberfläche der gestapelten Zuckerwürfel ins Auge, die an Granit erinnern und in ihrer Anordnung an ein antikes Bauwerk denken lassen. Bei Motiven aus der Natur, wie dem Baum oder dem Skorpion, bleibt rund um den Backdrop die eigentliche Umgebung sichtbar – ein Prinzip, das Christian Retschlag in früheren Arbeiten unter anderem auch mit Pilzen oder einer kleinen Maus durchexerzierte. Die Lebewesen verbleiben an Ort und Stelle, die Tiere finden freiwillig den Weg in das improvisierte Fotostudio und gehen danach wieder ihrer Wege, ohne als Präparat zu enden.

Christian Retschlag spielt in «Von der Geste des Zeigens» mit den Größenverhältnissen von Abgebildetem und Abbildung. Die Formate der Aufnahmen orientieren sich oft an der natürlichen Größe der Sujets, so entstehen lebensgroße Blow-ups («Flamingo», S. 60/61; aufgenommen an der französischen Küste) mit weichen, an Grafitzeichnungen erinnernden Unschärfen ebenso wie detailreiche Miniaturen («Bücherskorpion» S. 43). Andere Bilder wiederum sind deutlich kleiner oder größer als ihre Motive, etwa diejenige der Blüten.
Dieses Spiel ist auch eine Auseinandersetzung mit den Begriffen Wahrheit und Realität, zentralen Konzepten der westlichen Weltauffassung, die in Gestalt der immer wieder beschworenen und verworfenen Idee einer wahrheitsgetreuen Reproduktion der Wirklichkeit äußerst eng mit der Geschichte der Fotografie verknüpft sind. Lange Zeit stand ein dokumentarisch, technisch-objektiver Anspruch im Mittelpunkt der Diskussion um die Fotografie. Früh hielt diese Einzug in die Naturwissenschaft, wo sie als bildgebendes Verfahren z. B. in der Astronomie und der Medizin Verwendung fand, bevor sie dann ins Alltagsleben der Menschen vordrang und sich als künstlerisches Medium etablierte.

Die Konvention, natürliche Objekte losgelöst vor monochromem Hintergrund zu präsentieren, geht auf die zeichnerische Darstellungsweise zwecks Beschreibung und Klassifizierung der Flora und Fauna zurück, die Naturforscher*innen im Versuch einer systematischen Erfassung der Natur im 18. und 19. Jahrhundert entwickelt haben. Einer dieser frühen taxonomischen Naturwissenschaftler ist der Insektenforscher und Schriftsteller Jean-Henri Fabre, der Zeit seines Lebens mehr als zwanzigmal den Mont Ventoux bestieg. Wo Petrarca in die Ferne schaute, blickte Fabre rund 500 Jahre später auf den Boden, um sich ausführlichen Tier- und Pflanzenstudien zu widmen. Das immense Kalkschotterfeld mit seiner karstigen Oberfläche am Gipfel schuf zusammen mit der Witterung etwa ein einzigartiges Biotop für die Sandwespe, wie Fabre erfreut feststellte.
Am Fuße des Berges, in dem Dorf Sérignan, brachte Fabre seine Beobachtungen zu Papier. Hier lebte er für 30 Jahre und verfasste die «Souvenirs Entomologiques» (1879–1907), eine zehn Bände umfassende Reihe von Texten über Insekten und Spinnentiere, die er vor Ort beobachtete und die er um persönliche Erinnerungen und Gedichte in französischer und okzitanischer Sprache ergänzte.
Im Nachklang solcher Werke des Entomologen und seiner Zeitgenossen greift Christian Retschlag die Geste des Sammelns auf und porträtiert in einem Triptychon drei Blüten. Mittels eines Klebestreifens sind sie auf rechteckigen Glasplatten befestigt, als ob sie für ein Herbarium hergerichtet wären oder als Präparate unter eine Mikroskoplinse geschoben werden sollen. Diese Fotografien sind Souvenirs, Erinnerungen ganz im Fabre'schen Sinne.

Die einzige menschliche Figur, die im Konvolut der Aufnahmen erscheint, lässt sich ebenfalls als Forschende begreifen. Auf steinigem Untergrund stehend, hält sie eine Art Angel mit einem transparenten Windsack in der Hand, der ihr Gesicht verdeckt. Das improvisierte Instrument ähnelt einem Netz für den Insektenfang oder einer Fahne, die die künstlerische Raumnahme markiert. Mit «Mistralfänger» (S. 58) ist die Arbeit poetisch betitelt und zeugt vom doppelten Unterfangen, den Wind einzufangen und im Bild sichtbar werden zu lassen. Vielleicht ist dies auch ein treffliches Motiv, um das schwer Greifbare einer Reise selbst ins Bild zu setzen: alle Assoziationen und Emotionen, Inspirationen und Bewegungen verdichtet in eine visuelle Metapher.

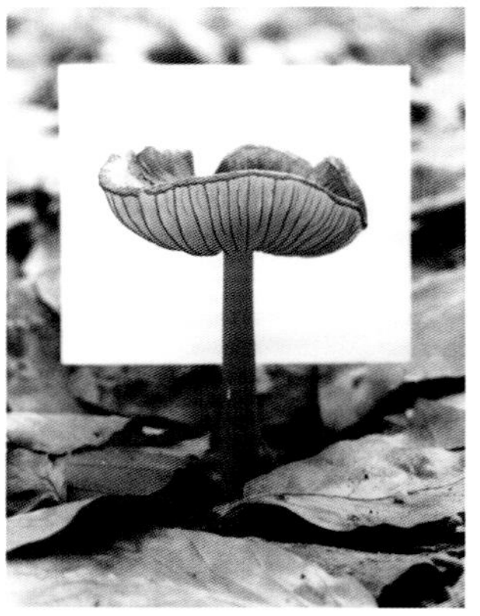

Christian Retschlag
aus der Reihe «Pilze»:
«Pilz (12/20 #1 N3)»
Silbergelatineabzug
16,6 × 9,5 cm, 2020–2022

Christian Retschlag
from the series «Fungi»:
«Fungus (12/20 #1 N3)»
Gelatin silver print
16.6 × 9.5 cm, 2020–2022

JASMIN MEINOLD (MA), *1987,
arbeitet als Projektmanagerin, Kuratorin, Kunstvermittlerin und Autorin.
Sie war u.a. für das Museum für Photographie Braunschweig, den Heidelberger Kunstverein, die Kunsthalle Wilhelmshaven und den Kunstverein Ludwigshafen tätig.
Als Teil von Fine Arts Institute Leipzig (FAIL) erforscht sie Kunst als soziale Praxis, u.a. auf dem Land, im Gefängnis und dem Shopping-Center.

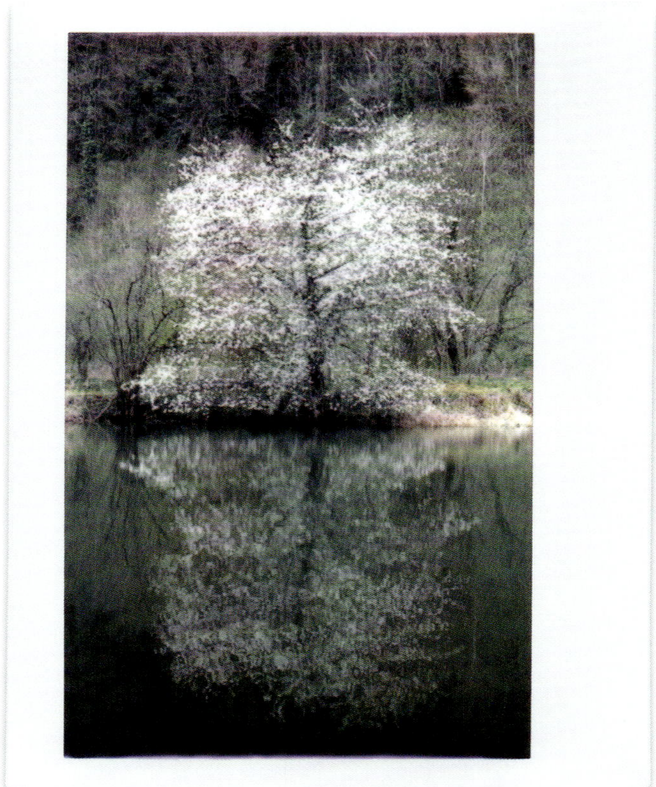

11. Etappe. Auf dem Weg nach Épinal
11th stage. On the way to Épinal

It is difficult to visualise how travelling affects a person. As we all know, one returns not as the person who once set out, but richer in experiences and impressions that could not have been gained at home. Sights and landscapes can be captured on still or moving pictures, but making one's own thoughts and moving encounters as well as the journey itself visible is all the more difficult. How can such a process be tackled artistically?

In spring 2023, the artist Christian Retschlag travelled by bicycle to Mont Ventoux to spend some time on the mountain. The journey took him from Hannover via Mainz, Alsace and finally to Provence – a distance of about 1,595 kilometres. Or about 886,072 bike lengths, if you were to use the bicycle as a unit of measurement. Retschlag has captured this journey and his engagement with the mountain on photographs.

The record of travel from A to B thus begins with the series of «Breakfast Knives on a Journey by Bicycle from Hannover to Mont Ventoux» (p. 20 ff.). These are the 23 knives awaiting his use on the breakfast tables in the guesthouses and hotels along his itinerary. One is surprised that this simple concept – a blade for cutting and spreading and a handle – can take so many different forms.

The cool realism of the photographs and their sober titles (the individual pictures are numbered consecutively and marked in brackets with the places where they were taken) are reminiscent of the photographic imagery of New Objectivity, which sought an objective rendition of the structure and form of its subject. The tightly cropped image allows these features to stand out with great clarity. There are gently curved handles, decorative chasing, maker's marks and embossed logos on the blades, which are partially serrated (toothed or scalloped). But there are also blunt blades that are probably only any good for spreading butter. One of the knives has a plastic handle. All the blades are made of metal, their silvery bodies translated by black-and-white photography into infinite shades of grey and fine grain.

In contrast to their vertical orientation on the table, Retschlag turns the knives horizontally, transforming them from an exclamation mark into a transverse line. In this way, they also remind me of pre-metric units of measurement such as the foot or a household ruler. Indeed, the German for «knife», «Messer», reminds us of «measure», although the two words have different etymologies. Nevertheless, I estimate the route from Hannover to Mount Ventoux to be about 7,250,000 table knives long. Fortunately, there are more practical parameters for clearly expressing such a distance, as well as modern-day conveniences such as complete sets of cutlery at every place of stay.

For the longest time since its invention, the knife was in fact a personal item that people always carried with them. It was not until the early modern era, also due to new metalworking techniques, that the finely decorated table knife developed and was placed next to the guest's plate at the lordly table. It took a few more centuries for this to be commonplace in ordinary guesthouses as well.

In 1771, in his book «L'Art du Coutelier» (The Art of the Cutler), the French knife maker and anatomist Jean-Jacques Perret described in detail the steps involved in the production of knives and medical instruments. Illustrated with numerous copperplate engravings showing the knives lined upright, the work soon became a standard work and helped France to become the market leader with jack- and penknives in the 18th century. Soon afterwards, the new mass production methods that evolved in the course of industrialisation (such as stamping) led to the precious unique item

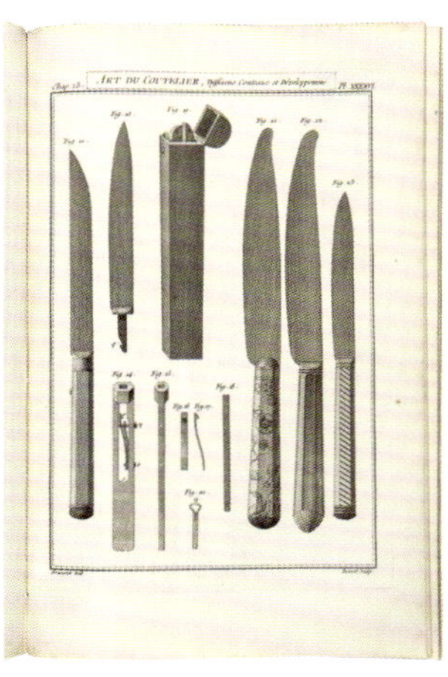

Jean-Jacques Perret
«L'Art du Coutelier, Part I»
Pl.XXXXVI, 41.5 x 28 cm, 1771
Wilhelm-Fabry-Museum

becoming an affordable mass product. The Württembergische Metallwarenfabrik (WMF) was one of the companies that benefited from this. From 1893, it also produced silver-plated cutlery and, from the 1920s, developed the Cromargan brand of stainless steel cutlery that can be found in many German homes today, and evidently also in guesthouses in Rotenburg an der Fulda, Mainz and Lauterecken.

In addition to the knives, Retschlag captures the process of travelling in a further series. He photographed the sun twelve times, in an attempt to capture the source of light itself on paper. There could hardly be a more photographic subject! At first glance, the pictures seem non-representational and identical. You can see an almost white circle in a black square measuring 6 × 6 cm – but when you look closely, you can make out differences in the sunspots on the white surface of the celestial body. Contrary to the visual impression, they are not black; the surface of the sun is only colder here and therefore emits less visible light. The title of the series «The Sun on the Way from Hannover to Mont Ventoux» (p. 32 ff.) and the individual titles of the photographs provide information about where the pictures were taken. We learn, for example, that photograph #2 was taken on the outskirts of Kassel at 11:00 a.m. on 30 March 2023 and photograph #10 was taken in Chalon-sur-Saône at 6:43 p.m. on 17 April 2023. Without these details, which despite their location are not specific enough to do justice to the supposedly scientific and documentary character of their designation, any kind of identification would be impossible. The serial arrangement emphasises the images' abstract quality all the more. The distance travelled, a long way on Earth for the human being, is insignificant from a solar perspective – the sun shines down almost unchangingly from the sky. And in its small-format depiction, the importance of the sun for all life on Earth is also barely discernible.

And yet sunlight stands at the birth of photography. In 1826, the inventor Joseph Nicéphore Niépce succeeded in producing the world's first successfully taken and preserved photograph. It shows the view from Niépce's studio on the Le Gras estate in Saint-Loup-de-Varennes, near Chalon. It was taken using a camera obscura, a pinhole camera, on an asphalt-coated pewter plate measuring approximately 16 × 20 cm. The asphalt hardened on exposure to light (the exposure time was about 8 hours) and was developed and fixed with lavender oil. Niépce called his process heliography, «sun drawing», and tried in vain to commercially exploit the method throughout his life. It was not until a few years after his death that his collaborator Louis Daguerre succeeded in developing a marketable process – the daguerreotype – which was presented to the public in 1839.

His journey to Ventoux also took Retschlag through the very birthplace of photography, Saint-Loup-de-Varennes.
His «Window in Le Gras» (p. 40) shows a closed shutter with signs of weathering. To the initiated, the title offers a clue to the historic location and the iconic first photograph that marks the beginning of the 19th century revolution in the world of images. Retschlag himself pointed his lens at Niépce's window, which from this perspective is hardly recognisable as the aforementioned epoch-making light opening and appears as a typical window in the local architectural style. For the print, he has chosen the size of the legendary tin plate and portrait format.

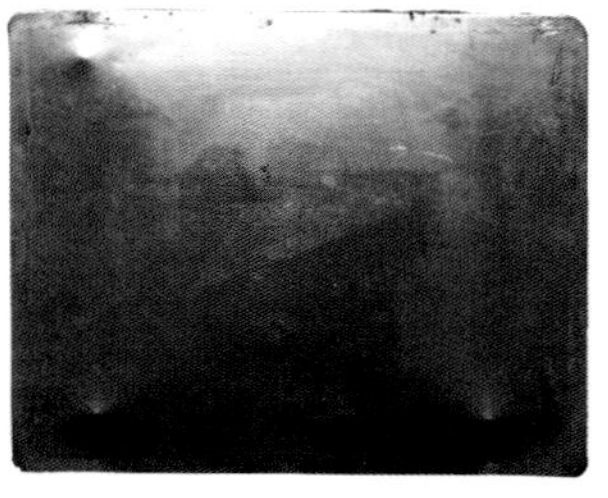

Joseph Nicéphore Niépce
Untitled/«Point de vue»
Heliograph on pewter
16.7 × 20.3 cm, 1827
Gernsheim Collection
Also known as: «View out of the study window of Le Gras»

Joseph Nicéphore Niépce
Ohne Titel / «Point de vue»
Heliografie auf Zinnplatte
16,7 × 20,3 cm, 1827
Gernsheim Collection
Auch bekannt als: «Blick aus dem Arbeitsfenster von Le Gras»

Retschlag's personal Tour de France ended on 23 April with his arrival at Mont Ventoux in the Provençal foothills of the Alps: an isolated limestone mountain massif with its characteristic field of limestone scree directly below the summit at 1,909 metres above sea level. From up here, on a clear day, you can see the sea and the peaks of the Alps to the east and the Pyrenees to the southwest, with the towns of Avignon and Orange not far away. For a long time, the name of the mountain was derived from Mons Ventosus (Latin: «windy mountain»). Recent research sees the origin of the word in pre-Latin and translates the name as «the mountain visible from afar». Both are apt descriptions, because the mountain's conical shape, visible from many directions, can be seen from afar, and the mistral, a harsh and cool downdraft wind, does not stop at the Ventoux.

The fascination for this mountain goes back thousands of years, and many people climbed the Ventoux over this period. Even the Celts, and possibly even older cultures, revered it as a sacred mountain. The mountain was included in the route for the Tour de France for the first time in 1951 and has since been the setting for one of the mountain stages of the cycle race around fifteen times. It achieved a certain fame through the poet and historian Francesco Petrarch. On 26 April 1336, he climbed Mount Ventoux with his brother and some servants, driven «solely by the desire to become acquainted with the unusual height of this place on Earth with my own eyes»[1]. In a letter to his friend Francesco Dionigi, he describes in detail the hardships of the climb and his feelings and thoughts on reaching the summit. This became a place for him to reflect on his own life, on the right way to live, and he lost himself in the spectacle of the landscape and of the clouds below him. Having taken Augustine's «Confessions» with him to the mountain, he opened a page at random. There, the religious scholar warns us not to fall into awe at the grandeur of nature, but to look inwards. Caught in the act of indulging his delight in the visible and marvelling at the earthly, Petrarch closed the book and began his descent, only to turn what he had experienced into literature as soon as he arrived at his inn. According to the philosopher Jürgen Goldstein, the text describes an «existential drama»[2] that deals with Petrarch's inner conflicts and the transgression of boundaries between worldliness and spiritual inwardness. In the 19th century, the historian Jacob Burkhardt elevated this mountain hike to a key event of the Renaissance and saw it as a historical turning point. For him, it marked the transition from the medieval worldview, in which nature above all possessed menacing potential, to a new experience of nature and the landscape in the modern era, in which aesthetic and contemplative approaches are interwoven.

Petrarch was the first to make Ventoux a secret protagonist, to be followed by many others, including the poet and linguist Frédéric Mistral and the painter Jacob Philipp Hackert. But what subjects does Christian Retschlag find in his encounter with Ventoux? In his photographic engagement, he does without shots of the landscape and breathtaking views, indeed without almost any narrative, and concentrates on individual moments and observations in confined, sketch-like image details. Among them are an aqueduct with a circular opening (the shot seems to echo the series about the sun), the summit of the mountain with its striking observatory and flowers of the mountain plants growing there.

And then there are subjects that appear extremely isolated: a scorpion on a white sheet of paper; a tower of brown sugar cubes; and a bottle of Orangina, immediately recognisable as such even without a label. A tree that looks as if it has lost its top half is isolated by a white piece of cloth. Although these photographs appear documentary at first glance, a closer look reveals that they are conceptual reflections on photography. The images are part of

[1] F. Petrarca; «Dichtungen, Briefe, Schriften» Frankfurt am Main 1980, p. 88

[2] Jürgen Goldstein «Die Entdeckung der Natur: Etappen einer Erfahrungsgeschichte», edited by Judith Schalansky, p. 32 © 2013 MSB Matthes & Seitz Berlin Verlagsgesellschaft mbH

the long-term project «Von der Geste des Zeigens» (On the Gesture of Showing). In the context of this project, Retschlag has been exploring, since 2016, various forms of presentation, the relationship between object and image, and the materiality of the image. With the aid of a white sheet of paper or a cloth, an object, a plant or an animal is detached from its surroundings. Their isolation in front of a white background draws the eye to the unique features of the respective form and brings the individual and the typical to the fore, making the portrayed object appear singularly sculptural. Suddenly we see the tree's extravagant pruning, the symmetry of the scorpion's claws and the grainy surface of the stacked sugar cubes, which remind us of granite and whose arrangement brings to mind an ancient building. With subjects from nature, such as the tree or the scorpion, the actual surroundings remain visible around the backdrop – a principle that Retschlag has also practised in earlier works with mushrooms or a tiny mouse, among others. The living beings remain in place, while the animals venture of their own accord into the improvised photo studio and then go their own way without ending up as taxidermy.

In «Von der Geste des Zeigens», Retschlag plays with the respective sizes of the depicted and its depiction. The formats of the photographs often reflect the natural size of the subjects, resulting in life-size blow-ups («Flamingo», p. 60/61; taken on the French coast) with gentle blurring reminiscent of graphite drawings as well as miniatures rich in detail («Book Scorpion», p. 43). Other pictures, such as those of flowers, on the other hand, are considerably smaller or larger than their models.
This playing with size is also an examination of the concepts of truth and reality, central concepts of the Western view of the world, which are extremely closely linked to the history of photography in the form of the repeatedly invoked and rejected idea of the veridical replication of reality. For a long time, the debate about photography revolved around its claim to be documentary, technical and objective. It found its way early on into the natural sciences, where it served as an imaging technique in astronomy and medicine, for example, before penetrating into people's everyday lives and establishing itself as an art medium.

The convention of presenting natural objects detached from their surroundings against a monochrome background goes back to the drawing method for describing and classifying flora and fauna that naturalists developed in the 18th and 19th centuries in an attempt to systematically record nature. One of these early taxonomic naturalists is the entomologist and writer Jean-Henri Fabre, who climbed Mont Ventoux more than twenty times during his life. Where Petrarch looked into the distance, Fabre turned his attention to the ground some 500 years later when devoting himself to his detailed studies of flora and fauna. The immense expanse of limestone scree with its karst surface at the summit, in tandem with the weather, has created a unique habitat for the sand wasp, for example, as Fabre discovered with delight.
At the foot of the mountain, in the village of Sérignan, Fabre committed his observations to paper. Living here for 30 years, he wrote his «Souvenirs Entomologiques» (1879–1907), a ten-volume series of texts on the insects and arachnids he observed on site, to which he added personal recollections and poems in French and Occitan.

In the footsteps of such works by the entomologist and his contemporaries, Retschlag takes up the gesture of collecting and portrays three flowers in a triptych.

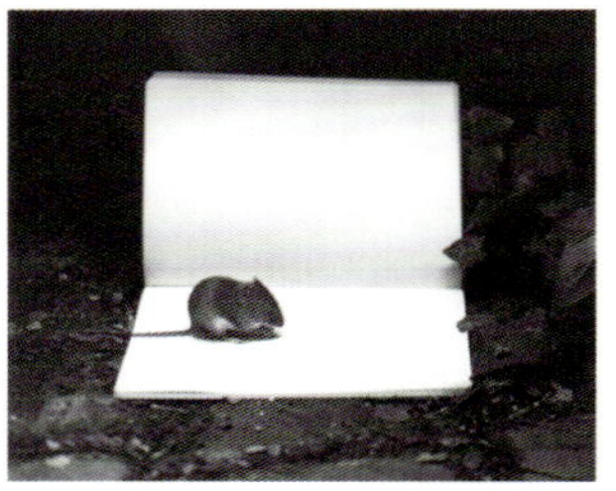

Christian Retschlag
«Maus»/«Mouse»
Gelatin silver print
28.5 × 34.5 cm, 2019

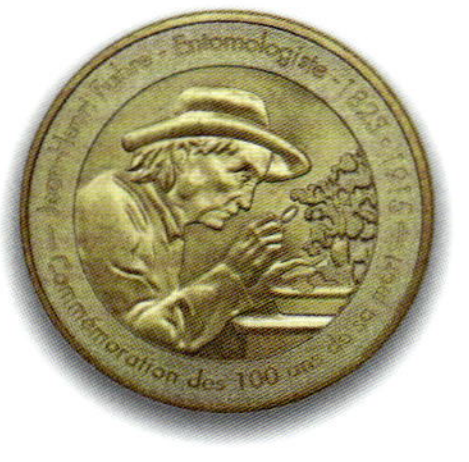

Jean-Henri Fabre
commemorative coin/Gedenkmünze

These are attached with adhesive tape to rectangular glass plates, as if they have been prepared for a herbarium or to be slid under a microscope lens as specimens. These photographs are souvenirs, memories, very much in the Fabreian sense.

The only human figure that appears in the collection of photographs can also be interpreted as a researcher. Standing on stony ground, it holds a kind of fishing rod with a transparent windsock in its hand that covers its face. This makeshift device resembles a net for catching insects or a flag that marks the artist's appropriation of space. Poetically entitled «Mistral Catcher», (p. 58) the work testifies to the dual endeavour of capturing the wind and rendering it visible in the picture. Perhaps this is also a fitting image for depicting the elusive nature of a journey itself: all the associations and emotions, inspirations and movements condensed into a visual metaphor. ■

JASMIN MEINOLD (MA), *1987,
is a cultural worker engaged in curatorial, artistic and publishing practice with an MA in art history.
She has worked for Museum für Photographie Braunschweig, Heidelberger Kunstverein, Kunsthalle Wilhelmshaven and Kunstverein Ludwigshafen, among others, and has written and edited for several publications. Her interest lies in working conditions in the art world, co-creation and art as a socially engaged practice. As a member of Fine Arts Institute Leipzig (FAIL), she explores the latter in non-traditional art spaces such as the village, the prison and the shopping mall.

Mont Ventoux Panorama

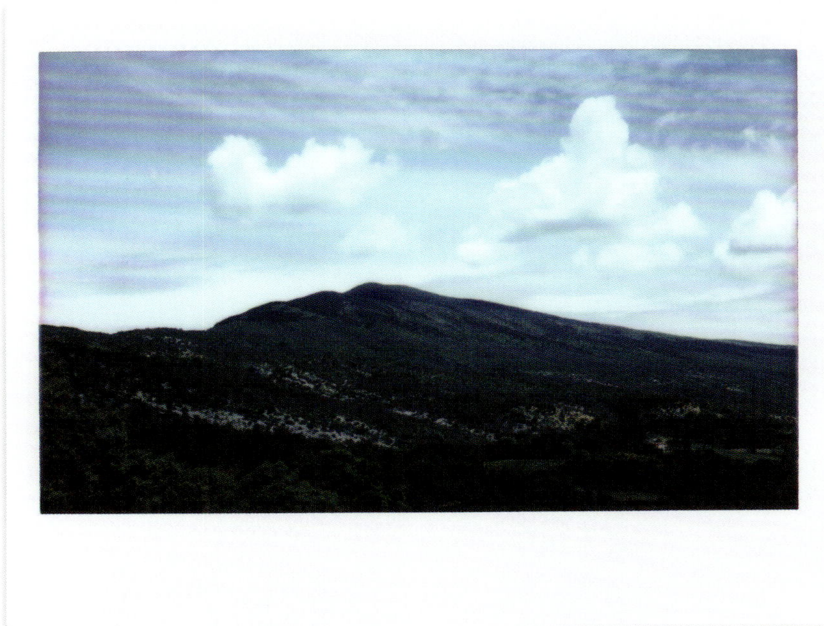

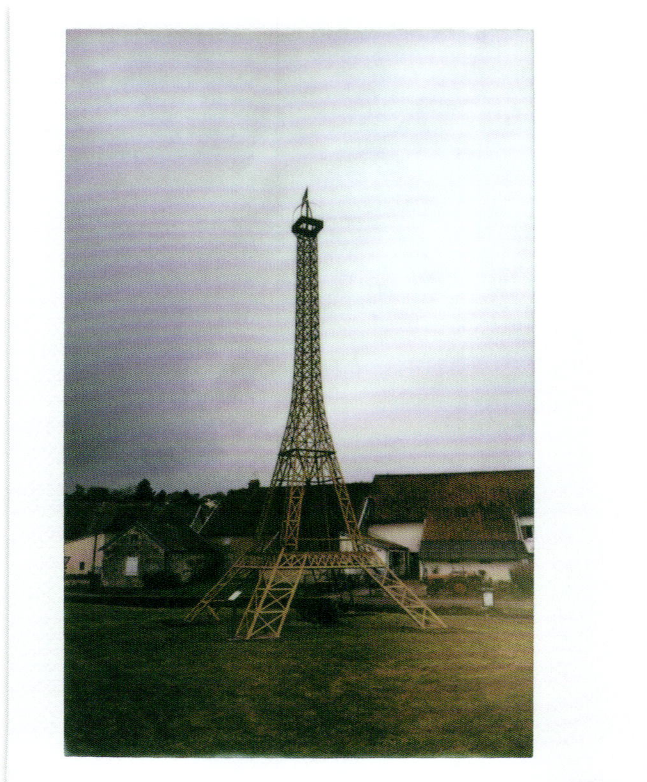

13. Etappe. Auf dem Weg nach Heuilley-sur-Saône
13th stage. On the way to Heuilley-sur-Saône

Julius Osman: Der SPRENGEL PREIS ist mit einem Reisestipendium in Europa verbunden. Schon in deinem Konzept hast du den Mont Ventoux als Ziel deiner Reise genannt. Wie kam es zu dieser Wahl?

Christian Retschlag: In den letzten Jahren habe ich mich viel mit der Erfahrungsgeschichte bezüglich der Entdeckung der Natur beschäftigt. Wie hat der Mensch eigentlich die Natur entdeckt, also im Sinne der genauen Beobachtung seiner Umwelt und der Überwindung alter Vorstellungen, etwa des Glaubens, dass Insekten Tiere des Teufels seien. In diesem Entdeckungsprozess taucht der Ventoux öfters auf. Zunächst in einem Brief von Francesco Petrarca, der den Berg 1336 bestiegen hatte und nun schrieb, dass er dies auf der Suche nach einer neuen Erfahrung gemacht habe. Die Alpinisten im 19. Jahrhundert haben Petrarcas Besteigung des Ventoux dann im Rückblick zum Startpunkt des Alpinismus ernannt. Zum anderen wurden in Deutschland in den letzten Jahren vermehrt Bücher von Jean-Henri Fabre veröffentlicht, einem französischen Naturforscher aus dem 19. Jahrhundert. Sein Haus mit Labor und Werkstatt – heute ein Museum – liegt in der Provence, nur 35 km vom Mont Ventoux entfernt. Darüber hinaus war mein Opa ein großer Fan der Tour de France, und meine erste Erinnerung an den Berg ist die legendäre Auffahrt zum Mont Ventoux im Jahr 2000. Tausende Menschen standen an der Straße zum Gipfel in der Hitze: Ullrich gegen Armstrong gegen Pantani.

Zwei interessante Aspekte verbinden sich hier: die Entdeckung der Natur und die Tour de France. Du hast deine Reise mit dem Fahrrad über mehrere Etappen bewältigt. Weshalb hast du dich für dieses Fortbewegungsmittel entschieden?

Zunächst wollte ich eigentlich die ganze Zeit während des Stipendiums am Berg verbringen, doch fehlte mir dabei der Aspekt der Tour de France. So kam die Idee auf, dass ich einfach selber zum Berg hinfahre. Nach ersten Recherchen war klar, dass meine Tour de France ungefähr drei bis vier Wochen dauern würde – in etwa die Zeit der Tour de France. Es ist natürlich etwas anderes, sich dem Ziel, gerade bei solcher Distanz, auf diese Weise anzunähern, statt einfach in den Zug zu steigen. Dabei ging es mir weniger um den Aspekt der Entschleunigung als vielmehr darum, die Entfernung körperlich nachzuvollziehen. Wie ist es, drei Wochen lang im Sattel zu sitzen und durch zwei Länder zu reisen?

Du hast 1.600 Kilometer in 20 Etappen zurückgelegt. Wie findet sich diese Zeit in deiner Arbeit wieder, konntest du sie produktiv nutzen?

Ursprünglich wollte ich unterwegs mit der Großformatkamera farbige Polaroidfotos aufnehmen, spontan und von Szenen, die ich interessant fand. Das hat jedoch nicht funktioniert. Zum einen war es oft einfach zu kalt und regnerisch, zum anderen war ich mit dem Fahrrad dann doch zu schnell unterwegs, und anzuhalten brachte mich immer aus dem Rhythmus. Kurz vor der Abfahrt habe ich noch eine andere Idee entwickelt, wie sich die Reise vielleicht visualisieren lässt.

Du sprichst von deiner Werkreihe «Frühstücksmesser auf einer Reise mit dem Fahrrad von Hannover zum Mont Ventoux» (S. 20 ff.). Wie kam es zu dieser Idee?

Vor der Abfahrt kam die Frage auf: Wie kann man eine Reise fotografisch dokumentieren, ohne dabei dokumentarisch zu fotografieren? Bei einer der letzten Testfahrten in Hannover, ein paar Tage vor Beginn der Tour, habe ich über wiederkehrende Elemente des Tagesablaufes nachgedacht: aufstehen, frühstücken, Sachen packen, losfahren. Das Frühstück und das damit verbundene Frühstücksbesteck in den verschiedenen Herbergen kamen mir in den Sinn. In den letzten beiden Jahren hat mich das Ver-

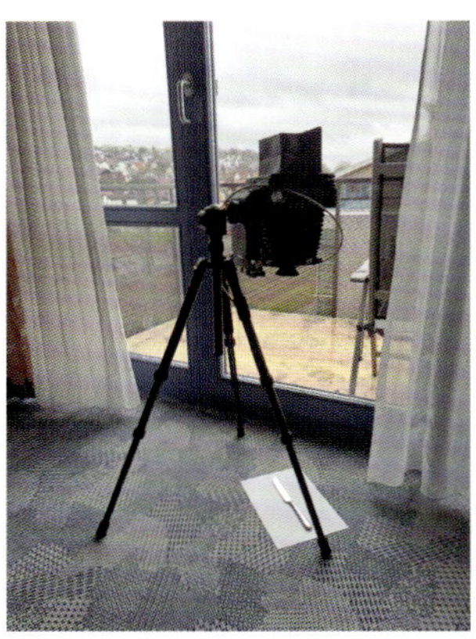

Das Hotelzimmer als Atelier in Rotenburg an der Fulda.

The hotel room as a studio in Rotenburg an der Fulda

messen von Dingen mithilfe der Fotografie interessiert. Objekte fotografieren und sie dann in Originalgröße auf Papier bringen. Das wollte ich hier auch machen, um so alle Frühstücksmesser der Reise mithilfe der Fotografie zu sammeln. Diese Reise mit dem Fahrrad zum Mont Ventoux hat natürlich etwas Performatives. Mit dem Sammeln aller Frühstücksmesser kann ich die Reise und ihren zeitlichen Ablauf ansatzweise sichtbar machen.

Deine Reise führte dich auch zu einigen modernen kulturellen Wallfahrtsorten, wie ich sie gerne nenne. Zum Beispiel nach Saint-Loup-de-Varennes, dem Entstehungsort der ältesten erhaltenen Heliografie, die als erste fotografische Technik gilt. War dir dieser Ort bei deiner Routenplanung wichtig?

Dass Saint-Loup-de-Varennes auf meiner Strecke liegt, ist mir bereits bei meiner Bewerbung aufgefallen. Der «Blick aus dem Arbeitszimmer von Le Gras» von Joseph Nicéphore Niépce ist eine interessante Fotografie, auf der man das Motiv heute kaum noch erkennen kann. Die Ausstellung «Die Geburtsstunde der Fotografie» 2012 in Mannheim zeigte diese Heliografie das letzte Mal hier in Europa im Original, dort habe ich sie auch gesehen. Auch dass das Haus von Niépce, aus dessen Fenster heraus er diese Fotografie angefertigt hat, noch existiert, ist bemerkenswert. Menschen machen aus solchen Orten gerne Symbole, das wollte ich mir ansehen. Ein riesengroßer Steinblock am Ortseingang weist auf die historische Begebenheit hin. Den habe ich fotografiert, mich aber gegen dieses Bild entschieden. Schon Man Ray hat das Monument 1937 fotografiert. Und auch eine Freundin von mir, die Künstlerin Laura Bielau. Ich fand es zudem interessant, mir das Wohnhaus Nièpces anzuschauen. Dort war niemand, einfach nur ein altes Haus in einer einsamen Nebenstraße. Ich stand vor dem Haus, das leider nur im Sommer als Museum seine Türen öffnet, und habe ein Fenster («Fenster in Le Gras», S.40) von außen fotografiert. Fünfzig Meter vom Haus entfernt befinden sich Bahngleise. Hier bin ich ein paar Wochen später mit dem TGV auf meiner Rückreise vorbeigerast.

Auch den Mont Ventoux könnte man als kulturellen Wallfahrtsort bezeichnen. Wie war es, dort anzukommen? Was waren deine ersten Schritte?

Ich kam am 23. April 2023 in meiner Ferienwohnung an. Petrarca hatte den Berg am 26. April 1336 bestiegen. Eigentlich wollte ich nach meiner Ankunft ein paar Tage Pause machen, aber andererseits wollte ich auch den Jahrestag der Besteigung des Berges durch Petrarca nicht verpassen. Also bin ich am 26. April auf den Mont Ventoux gewandert. In meiner Vorstellung habe ich oben am Gipfel einen Petrarca-Fanclub erwartet. Ich wurde enttäuscht. Hier gab es nur Fahrradfahrer*innen.

Deine Bildsprache erinnert mich an die Fotografie der Neuen Sachlichkeit, an die genaue Betrachtung einzelner Objekte. Was ist dir bei deiner Fotografie wichtig?

Bei den Messern war mir wichtig, dass diese etwas von Neuer Sachlichkeit bekommen und schon fast das Fotografische verlieren. Die Bilder sind sehr eng beschnitten, sodass man wirklich nur das Messer sieht. Die Abzüge in Originalgröße und die silbrige Materialität des Fotopapiers sind mir besonders wichtig. Als würde man das Messer selbst als Objekt hinter Glas gerahmt sehen – und nicht nur ein Stück Papier, das ein Messer zeigt.
Ich mag die formale Strenge in den Bildern von Karl Blossfeldt. Mir fehlt auf seinen Fotografien aber das natürliche Umfeld. In meiner eigenen Arbeit versuche ich, die Natur sichtbar zu machen, zeige aber auch meinen Eingriff. Natur versteckt sich ja in sich selbst – alles ist getarnt oder geht ineinander über. Ich benutze in meinen Fotografien dafür einen weißen Passepartout-Karton, Papier

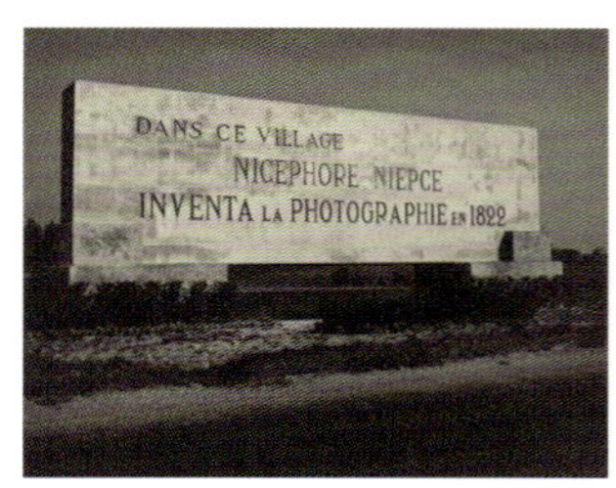

Man Ray
«Monument to Niépce – Saint Loup de Varenne, near Chalons-sur-Saone»
Silbergelatineabzug/Gelatin silver print
19,2 × 24,6 cm, 1937
The J. Paul Getty Museum, Los Angeles

oder bei großen Objekten auch Stoff, der zwischen Objekt und Hintergrund platziert wird. So kann ich die Dinge sichtbar machen und sachlicher darstellen.
Bei Tieren geht es über die Sichtbarmachung hinaus, hier kommt ein geschichtlicher, wissenschaftlicher Aspekt hinzu. Besonders Insekten werden, um sie aufzubewahren und zu archivieren, auf weiße Pappe gespießt – eine ganz andere Art und Weise des Sammelns. Mithilfe der Fotografie kann ich sie sammeln, ohne sie zu töten, und sie zudem dank minimaler Eingriffe in ihrer natürlichen Umgeben zeigen.

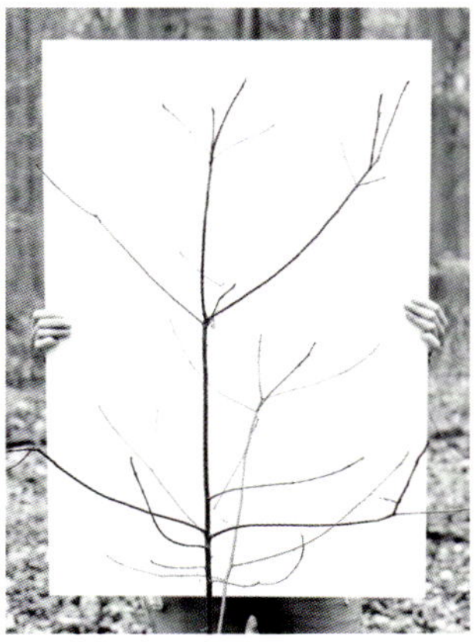

Christian Retschlag
«Baum VIII (Eilenriede)»
«Tree VIII (Eilenriede)»
Silbergelatineabzug /Gelatin silver print, 90 × 64 cm, 2016

Das größte Bild der Ausstellung, ein Baum am Straßenrand, zeigt gleich einen doppelten Eingriff: den des Landschaftsgärtners und deinen. Diese Art von Darstellung hast du schon in früheren Werken verwendet, doch nie in dieser Größenordnung. Wie kam es dazu?

Als ich nach meinem Studium 2015 nach Hannover kam, war ich viel im Stadtwald, der Eilenriede, unterwegs. Dort fielen mir im Winter zarte junge Bäume auf, die man kaum sehen konnte, weil sie optisch mit dem Waldhintergrund verschmolzen. Diese Bäume wollte ich sichtbar machen. Ich nahm einen großen Passepartout-Karton und platzierte ihn hinter die Bäume. Vor der weißen Fläche wurden die Bäume sichtbar. Es entstanden Fotografien, die etwas Skulpturales hatten und gleichzeitig an Zeichnungen erinnerten. Eigentlich wollte ich keine Bäume mehr auf diese Art fotografieren. Mein Haus am Mont Ventoux lag im Nirgendwo an einer Verbindungstraße, die das Nirgendwo mit dem Irgendwo verband. An dieser Straße stand alle paar Meter ein Baum, der zu einem Kasten beschnitten war. Diese Art des Zuschnitts kannte ich aus Paris, dort meist in einem herrschaftlichen und repräsentativen Zusammenhang. Ich fand es bemerkenswert, dass an dieser Landstraße, die eigentlich nur Fahrradtourist*innen und Einheimische benutzen, die Bäume ebenso beschnitten werden. Gleichzeitig musste ich an die Geschichte des Mont Ventoux denken, eines Berges, der zu Petrarcas Zeiten noch bewaldet war und auf dem vereinzelt Schafe lebten. Fabre sah dort fast nur noch Schafe und die Aufforstungsbemühungen, deren Resultat wir heute vor Augen haben. Der Berg hat also eine Geschichte des massiven menschlichen Eingriffes hinter sich, den man als solchen kaum noch wahrnimmt. Schaut man auf den Berg und den Wald, sieht alles natürlich aus. Bei den erwähnten Bäumen am Straßenrand sind die Eingriffe des Menschen indes deutlich sichtbar.

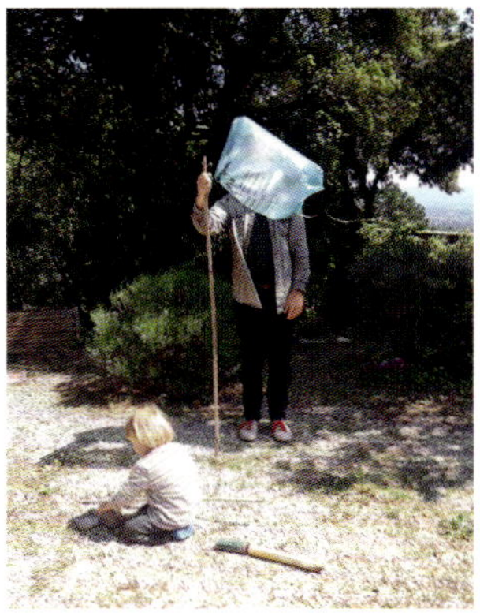

Probeaufbau «Mistralfänger»
Trial set-up for «Mistral Catcher»

Der Mensch, der kommt in all deinen Bildern irgendwie vor, aber meistens indirekt. Als direktes Abbild finden wir ihn nur in zwei Werken. Wir haben ein Selbstporträt von dir und ein Bild, auf dem man aus der Ferne eine Masse von Zuschauer*innen sieht. Wann wird es für dich interessant, auch den Menschen direkt zu zeigen und nicht nur seine Eingriffe oder sein Handeln?

Ich würde sagen, der Mensch ist fast immer sichtbar. Messer gibt es nur für Menschen, und die Zuckerwürfel, die Orangina oder der Baum sind Produkte seines Handelns. Mir war vor der Reise klar, dass ich einen Menschen fotografieren möchte. Auch dass ich dieser Mensch bin, erschien mir sinnig, schließlich habe ich die Reise ja unternommen. Zum «Mistralfänger» (S. 58) kam es in Verbindung mit der Fragestellung, wie sich Wind fotografieren lässt, denn trotz des Namens des Berges, auf Deutsch „der Windige", war ich von den Windstärken überrascht. An drei oder vier Tagen konnte ich das Haus am Berg nicht verlassen. So kam die Idee auf, auf den Berg zu steigen und den Wind einzufangen. Der Versuch, den Wind einzufangen, ist ähnlich absurd, wie gegen Windmühlen kämpfen zu wollen. Ich bin zwar auf dem Bild zu sehen, würde es aber nicht als Selbstporträt bezeichnen. Eher schlüpfe ich in eine Rolle, wie ein Schauspieler. Es ist eine Geschichte über Absurdität und den menschlichen Versuch, alles zu sammeln oder festzuhalten.

Und Monaco, das dritte Land auf deiner Reise?

Monaco war der Versuch, einen Abschluss zu finden, denn einfach nach Hause zu fahren, nachdem ich erst einen Monat allein auf dem Fahrrad und dann einen weiteren Monat am Berg gelebt hatte, kam mir komisch vor. Zudem wusste ich, dass das jährliche Formel-1-Rennen gleichzeitig mit meiner geplanten Abreise stattfindet – ein Zusammentreffen der Gegensätze. Nach der Einsamkeit am Berghang dann dieses Happening vor dieser krassen Kulisse. Das Panorama von Hochhäusern und Tribünen mit Hunderttausenden von Menschen in Festivalstimmung hatte etwas Fesselndes.

Ein wichtiger Aspekt des Lebens in Europa ist die Nähe zu anderen Sprachen und Kulturen. Wie ist es als reisender Künstler, diese kulturelle Vielfalt zu erleben?

Lange Zeit waren die Beziehungen der Nationen in Europa durch Kriege geprägt. Allein in den letzten 150 Jahren haben Deutschland und Frankreich drei große Kriege ausgefochten. Unterschiede konnte ich bei meiner Reise nur an Kleinigkeiten festmachen, die Architektur ändert sich leicht, doch ist die Sprache häufig der deutlichste Hinweis auf Veränderung. Aber wenn man auf dem Fahrrad niemanden sieht, dann ist es eigentlich gar nicht so schnell ersichtlich, in welchem Land man gerade ist. Zwischen Monaco und der französischen Côte d'Azur gibt es erst mal keinen großen Unterschied. Ich habe erst gemerkt, dass ich in einem anderen Land war, als mir mein Mobilfunkanbieter eine SMS schickte mit dem Hinweis, ich sei jetzt außerhalb der EU und mobiles Internet koste ab sofort extra.
Im Gegensatz dazu war die deutsch-französische Grenze nicht bemerkbar, bei Saarbrücken fährt man einfach mit dem Fahrrad drüber. Natürlich gab es dort auch ein Hinweisschild, aber das muss man fast schon suchen.
Deutlicher wurden die Unterschiede der Kulturen in Südfrankreich, auch angesichts der Vielzahl römischer Ruinen, die mir dort begegnet sind. Davon ist die «Rohrzuckerwürfelsäule» (S.56) inspiriert. Die Zuckerwürfel, die ich mir in Frankreich für meinen Kaffee gekauft habe, sind aus braunem Zucker und erinnern an die verwitterten Steine der Ruinen. Durch die starke Vergrößerung der Würfel mithilfe der Fotografie bekommen sie etwas Monumentales. Ein weiterer Aspekt des Zuckers ist seine Herkunft, ursprünglich aus La Réunion. Hier wurde mir bewusst, dass das Reisestipendium bei genauer Betrachtung auch weiter weg hätte führen können. Die Insel im indischen Ozean gehört ja zur EU. Hier wird die andere Seite Europas mit seiner Kolonialgeschichte sichtbar.

Diese Kehrseite Europas wird auf deiner Reise hin und wieder ersichtlich. Los ging es in der Spichernstraße, ein Erinnerungsüberbleibsel aus der Zeit der deutsch-französischen Feindschaft. Gab es Überlegungen, das mit einfließen zu lassen?

Als ich mich beworben habe, jährten sich die Ereignisse des deutsch-französischen Krieges von 1871/72. In der List, wo mein Atelier liegt, ist einiges nach diesem Krieg benannt: die Spichernstraße, die Kriegerstraße, der Moltke-Platz, die Sedanstraße etc. Fotografisch ist jener Krieg ebenfalls bemerkenswert, es gab eine umfangreiche fotografische Dokumentation der Ereignisse. Auf meiner Reise sind mir auch die vielen Bismarcktürme in Deutschland aufgefallen. Künstlerisch hätte ich mir für die einzelnen Regionen mehr Zeit nehmen müssen, um dem Thema gerecht zu werden.

Das Gefühl, fern der Heimat zu sein, hatte ich insbesondere beim Betrachten deiner Fotografie von einer Orangina-Flasche, ein Zeichen für mich als Kind, dass wir im

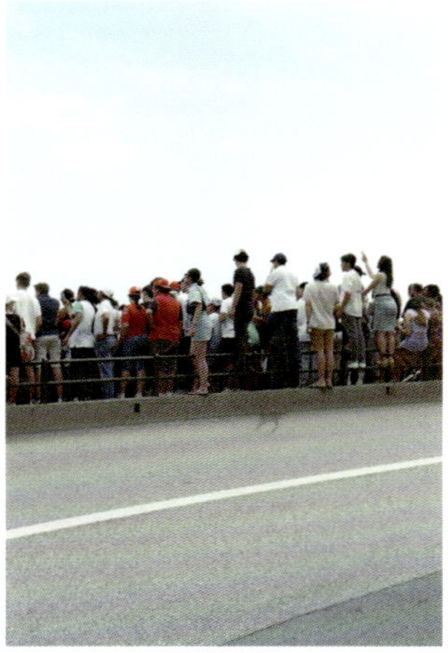

Monaco während des Formel-1-Grand-Prix 2023

Monaco during the 2023 Formula-1-Grand-Prix

Ausland sind. Wirst du das Reisen als künstlerische Praxis beibehalten?

Reisen bietet die Möglichkeit, Unterschiede zu entdecken und andere Herangehensweisen zu erlernen; zugleich können die ökologischen Auswirkungen unserer Reiselust aber verheerend sein. Dass das Bild einer Flasche Orangina Erinnerungen an die Kindheit auslösen kann, finde ich eine sehr schöne Vorstellung. Häufig sind es Kleinigkeiten, die Erinnerungen an einen Urlaub wachrufen. Ich glaube, dass meine Reise zum Mont Ventoux mir zukünftig Ähnliches ermöglichen wird: Gedanken und Ideen, die sich noch ausformen werden und immer einen Funken Erinnerung an die Reise enthalten. ■

JULIUS OSMAN, *1992,
ist Kunsthistoriker und Kurator. Er arbeitete mehrere Jahre am Sprengel Museum Hannover und ist jetzt für die Sammlungsleitung am Josef-Albers-Museum Quadrat Bottrop zuständig und ist Kurator des SPRENGEL PREIS 2023 – Niedersachsen in Europa.

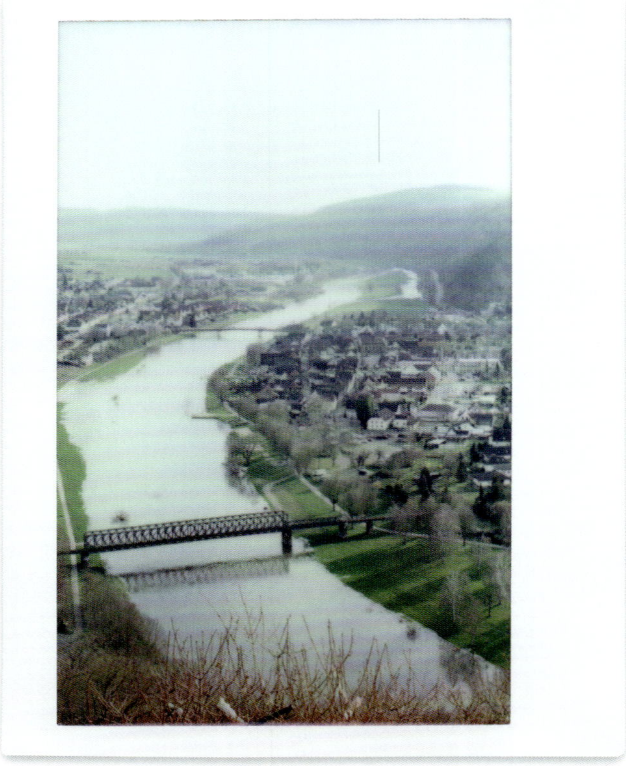

1. Etappe. Blick vom Bismarcktum auf Bodenwerder
1st stage. View of Bodenwerder from the Bismarck Tower

Julius Osman: The SPRENGEL PRIZE comes with a travel scholarship within Europe. In your concept, you already mentioned Mont Ventoux as the destination of your trip. How did you arrive at this choice?

Christian Retschlag: In the last few years, I have concerned myself a lot with experiential history regarding the discovery of nature. How did humanity actually discover nature, i.e. in the sense of closely observing the environment and abandoning antiquated notions, such as the belief that insects were creatures of the devil? In this process of discovery, Mont Ventoux comes up several times. First in a letter by Francesco Petrarch, who climbed the mountain in 1336 and wrote that he had done so in search of new experience. Alpinists in the 19th century then named Petrarch's ascent of the Ventoux in retrospect as the birth of mountaineering. Furthermore, books by Jean-Henri Fabre, a French naturalist from the 19th century, have been increasingly published in Germany in recent years. His house with its laboratory and workshop – today a museum – is located in Provence, only 35 km from Mont Ventoux. On top of this, my granddad was a big fan of the Tour de France and my first memory of the mountain is the legendary climb to Mont Ventoux in 2000. Thousands of people lined the road to the summit in the heat to watch Ullrich versus Armstrong versus Pantani.

Two interesting themes are combined here, the discovery of nature and the Tour de France. You made your journey by bike over several stages. Why did you choose this means of transport?

At first, I actually wanted to spend the whole scholarship period on the mountain, but I was missing the Tour de France aspect of it. So the idea came up that I would simply ride to the mountain myself. After initial research, I realised that my Tour de France would last about three to four weeks – roughly the time of the Tour de France proper. It is of course something else to approach one's destination in this way, especially in view of the distance, instead of simply taking the train. For me, it was less about slowing down and more about physically experiencing the distance. What is it like to sit in the saddle for three weeks and cycle through two countries?

You covered 1,600 kilometres in 20 stages. How does this time find expression in your work, and were you able to use it productively?

Originally, I wanted to take colour Polaroid photos on the road with the large format camera, on the spur of the moment and of scenes I found interesting. However, that didn't work out. For one thing, it was often just too cold and rainy, and secondly, I was moving too fast on my bike, and stopping always took me out of my rhythm. Shortly before leaving, I came up with another idea of how to perhaps visualise the journey.

You're referring to your series of works «Breakfast Knives on a Journey by Bicycle from Hannover to Mont Ventoux» (p. 20 ff.). How did this idea come about?

Before setting off, I asked myself, «How can I document a journey photographically without engaging in documentary photography?» During one of the last test rides in Hannover, a few days before the start of the tour, I thought about recurring elements of the daily routine: getting up, having breakfast, packing things and setting off. Breakfast and the associated breakfast cutlery in the various places I stayed at came to mind. In the last two years I have been interested in using photography to measure things. Photographing objects and then putting them on paper in their original size. That's what I wanted to do here, too, to use photography to collect all the breakfast knives of the trip. This journey by bicycle to Mont Ventoux naturally has something performative about it. By collecting all the breakfast knives, I can make the journey and its chronology visible to some extent.

Your journey also took you to some modern places of cultural pilgrimage, as I like to call them. To Saint-Loup-de-Varennes, for example, the place of origin of the oldest surviving heliograph, a product of what is considered the earliest photographic technique. Was this place important to you when planning your route?

When preparing my application, I already noticed that Saint-Loup-de-Varennes was on my route. The «View from the Window at Le Gras» by Joseph Nicéphore Niépce is an interesting photograph, although the subject is barely discernible today.
The exhibition «The Birth of Photography» in Mannheim in 2012 exhibited this heliograph in its original form for the last time here in Europe, which is also where I saw it. It is also remarkable that Niépce's house, from whose window he took this photograph, still exists. People like to make symbols out of such places, and I wanted to see it. A huge block of stone at the entrance to the village draws attention to the historical event. I took a picture of it, but decided against it. Man Ray photographed the monument in 1937. And also a friend of mine, the artist Laura Bielau.
I also found it interestingto look at the house where Niépce lived. There was no one there, just an old house in a deserted side street. I stood in front of the house, which unfortunately only opens its doors as a museum in summer, and took a picture of a window («Window at Le Gras», p. 40) from the outside. Fifty metres from the house is a railway track. I raced through here on the TGV on my return trip a few weeks later.

Mont Ventoux could also be called a place of cultural pilgrimage. What was it like to arrive there? What were your first steps?

I arrived at my holiday flat on 23 April 2023. Petrarch climbed the mountain on 26 April 1336. I actually wanted to take a few days off after my arrival, but at the same time I didn't want to miss the anniversary of Petrarch's ascent of the mountain. So on 26 April I hiked up Mont Ventoux. In my imagination, I expected a Petrarch fan club at the top. I was disappointed, for there were only cyclists.

Your visual language reminds me of New Objectivity photography, of the close observation of individual objects. What is important to you in your photography?

With the knives, it was important to me that they gain something of a New Objectivity and almost lose their photographic quality. The pictures are cropped very closely so that you really only see the knives. The full-size prints and the silvery materiality of the photographic paper are particularly important to me. It's like seeing the knife itself framed as an object behind glass – and not just a piece of paper showing a knife.
I like the formal rigour in Karl Blossfeldt's pictures. But I miss the natural setting in his photographs. In my own work I try to make nature visible, but I also show my intervention. Nature hides within itself – everything is camouflaged or merges into everything else. In my photographs, I use white mat cardboard, paper or, for large objects, fabric, which is placed between the object and the background. This way I can make things visible and present them more objectively.
With animals, you go beyond visualisation, and the historical, scientific dimension comes into play. Insects in particular are pinned onto white cardboard to preserve and archive them – a very different way of

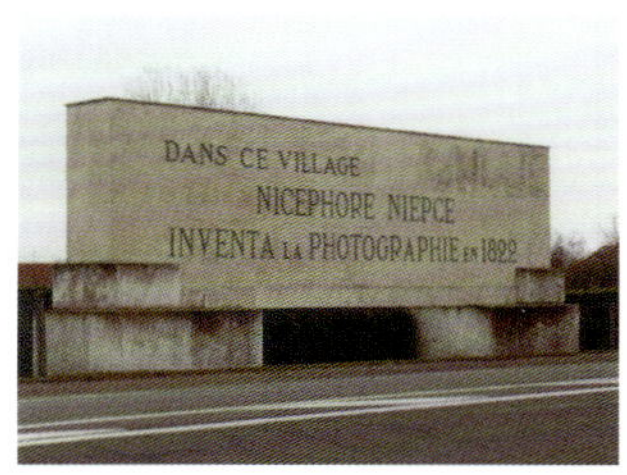

Laura Bielau
«Niépce» from «COLOR LAB CLUB»
C- Print, 25.4 × 30.9 cm, 2007

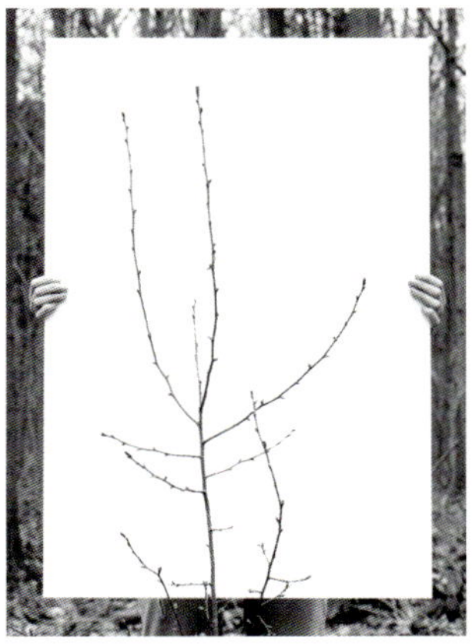

Christian Retschlag
«Baum VII (Eilenriede)»
«Baum VII (Eilenriede)»
Gelatin silver print /
Silbergelatineabzug
90 × 64 cm, 2016

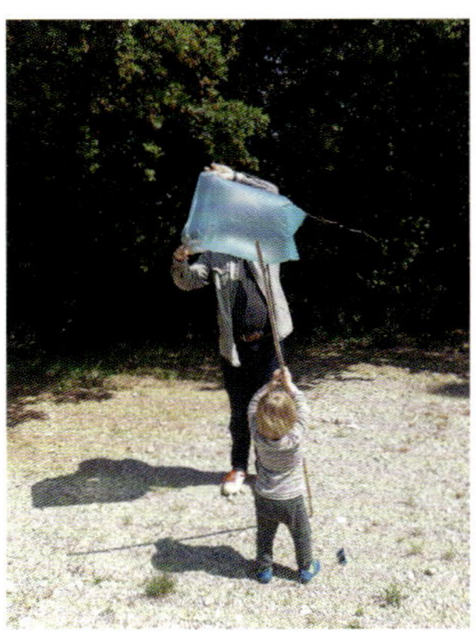

Trial set-up for «Mistral Catcher»
Probeaufbau «Mistralfänger»

collecting. With the help of photography, I can collect them without killing them and also show them in their natural environment with minimal intervention.

The largest picture in the exhibition, a tree by the roadside, shows a twofold intervention, that of the landscape gardener's and your own. You have used this kind of representation in previous works, but never on this scale. How did it come about?

When I came to Hannover after graduating in 2015, I spent a lot of time in the city forest, the Eilenriede. There, in winter, I noticed slender young trees that were barely discernible because they merged visually into the forest backdrop. I wanted to make these trees visible. I took a large cardboard mat and placed it behind the trees. The trees became visible in front of the white surface. The outcome was photographs that had something sculptural about them and were at the same time reminiscent of drawings.
Actually, I didn't want to photograph trees this way anymore. My house on Mont Ventoux was in the middle of nowhere on a connecting road that linked nowhere with somewhere. Along this road, every few metres were single trees that had been pruned into a box shape. I knew this kind of pruning from Paris, there mostly in a grand and stately context. I found it remarkable that on this country road, which is actually only used by cycle tourists and locals, the trees are also pruned. At the same time, I was reminded of the story of Mont Ventoux, a mountain that was still forested in Petrarch's time and was inhabited by the occasional sheep. Fabre saw almost only sheep there and the reforestation efforts, the outcome of which we can witness today. So the mountain has a history of massive human intervention behind it, although one barely notices it as such. Looking at the mountain and the forest, everything looks natural. However, in the case of the roadside trees I just mentioned, human intervention is clearly visible.

The human influence is present in various ways in all your pictures, but mostly indirectly. Human beings only figure in direct portrayals in two of your works. We have a self-portrait of you and a picture in which we see a crowd of spectators from a distance. When does it become interesting for you to show humans directly and not only their interventions or actions?

I'd say the human is almost always visible. Knives only exist for people, and the sugar cubes, the Orangina and the tree are products of their actions. I also knew before the trip that I wanted to photograph a person. It also made sense to me that I was that person, since it was me who made the journey, after all. The «Mistral Catcher» (p. 58) came about in connection with the issue of how to photograph the wind, because despite the name of the mountain («venteux» means «windy» in French), I was surprised by the force of the wind. On three or four days I couldn't leave the house on the mountain. And that gave me the idea to climb the mountain and capture the wind. Trying to capture the wind is as absurd as trying to fight windmills. I may be in the picture, but I wouldn't call it a self-portrait. Rather, it's more like I'm slipping into a role, like an actor. It is a story about absurdity and the human attempt to collect or hold on to everything.

And Monaco, the third country on your trip?

Monaco was an attempt to wrap things up, because simply going home after living alone on a bike for a month and then another month on the mountain seemed strange. What's more, I knew the annual Formula 1 race was taking place at the same time as my planned departure – a meeting of opposites. After the solitude on the mountainside, then this happening against this stark backdrop. There was something captivating about the panorama of skyscrapers and grandstands with hundreds of thousands of people in a festive mood.

A striking aspect of living in Europe is the proximity to other languages and cultures. What is it like as a travelling artist to experience this cultural diversity?

For a long time, international relations in Europe were characterised by wars. In the last 150 years alone, Germany and France have fought three major wars. During my trip, I was only able to detect differences in minor details; the architecture changes slightly, but language is often the clearest indication of change. But if you don't see anyone when on your bike, it's not really obvious which country you're in. There is not much difference between Monaco and the French Côte d'Azur. I only realised I was in another country when my mobile phone operator sent me a text message saying I was now outside the EU and mobile internet would cost extra from now on.
In contrast, the German-French border was unremarkable; in Saarbrücken you simply cycle across it. Of course there was also a sign there, but you almost have to look for it.
The differences between the cultures in became more obvious in the south of France, also in view of the multitude of Roman ruins I encountered there. The «Cane Sugar Cube Column» (p. 56) is inspired by this. The sugar cubes I bought for my coffee in France are of brown sugar and are reminiscent of the weathered stones of the ruins. The powerful enlargement of the cubes with the help of photography gives them a monumental appearance. Another aspect of the sugar is its source, originally from La Réunion. It was here that I realised that the travel scholarship, had I looked more closely, could have taken me farther afield. The island in the Indian Ocean belongs to the EU, after all. This is where the other side of Europe with its colonial history becomes visible.

Europe's dark side becomes apparent from time to time on your journey. It got underway in Spichernstrasse, a relic from the time of Franco-German enmity. Were there any thoughts about including that?

When I submitted my application, it was the anniversary of the Franco-Prussian War of 1871/72. In List, where my studio is located, a number of streets are named after this war: Spichernstrasse, Kriegerstrasse, Moltke-Platz, Sedanstrasse, etc. That war is also remarkable photographically, as the events were extensively documented photographically. On my trip I also noticed the many Bismarck towers in Germany. Artistically, I should have devoted more time to the various regions to do justice to the subject.

For me the feeling of being far from home was strongest when looking at your photograph of an Orangina bottle, a sign for me as a child that we were abroad. Will you keep on travelling as your artistic practice?

Travelling offers the opportunity to spot differences and learn different approaches; but at the same time, the ecological impact of our love of travel can be devastating. The fact that the image of a bottle of Orangina can trigger memories of childhood is a lovely idea. It is often the little things that bring back holiday memories.
In my view, my trip to Mont Ventoux will enable me to do similar things in the future: Thoughts and ideas that have yet to take shape and always containing a spark of memory of the journey. ■

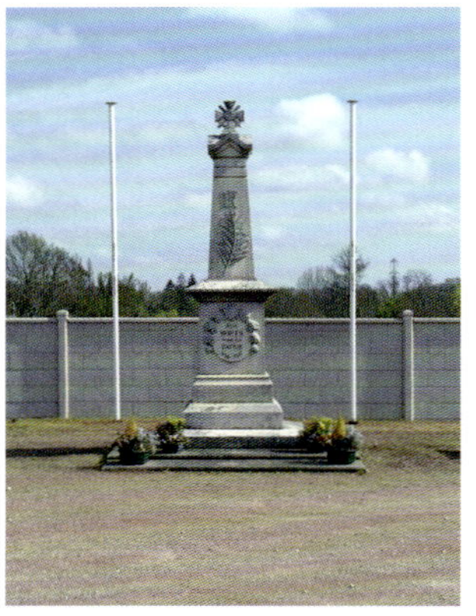

«Aux morts pour la patrie, 1914–1918» War memorial near Saint-Loup-de-Varennes

«Aux morts pour la patrie, 1914–1918» Kriegsdenkmal bei Saint-Loup-de-Varennes

JULIUS OSMAN, *1992,
is an art historian and curator. He worked for several years at the Sprengel Museum Hannover and is now in charge of the collection at the Josef Albers Museum Quadrat Bottrop and is the curator of the SPRENGEL PRIZE 2023 – Lower Saxony in Europe.

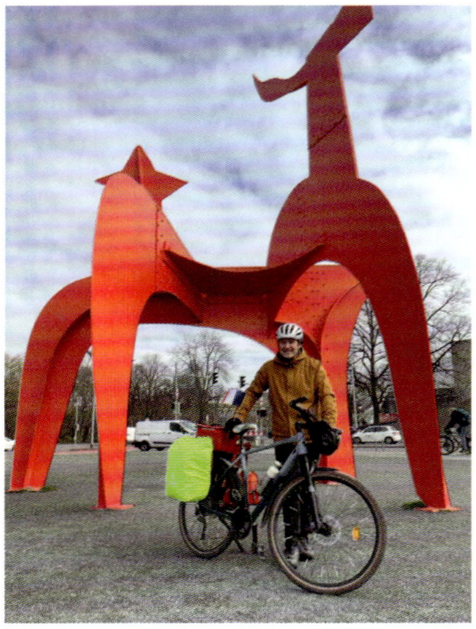

27.03.2023
Calder, Maschsee Hannover

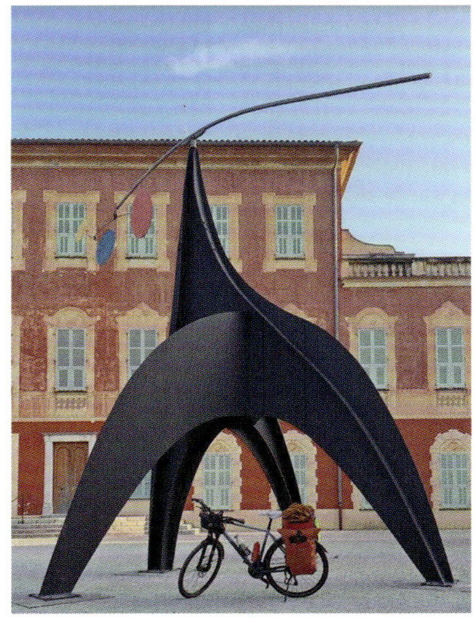

29.05.2023
Calder, Matisse Museum, Nizza / Nice

*1987 in Magdeburg

STUDIUM		STUDIES
2013/14	Meisterschüler bei Dörte Eißfeldt	Meisterschüler under Dörte Eißfeldt
2013	Studienaufenthalt am Art Center College of Design, Pasadena, USA	Study residency at the Art Center College of Design, Pasadena, USA
2013	Diplom	Diploma
2008	Freie Kunst an der Hochschule für Bildende Künste Braunschweig – Grundklasse: Andrea Ostermeyer Fachklassen: Dörte Eißfeldt und Corinna Schnitt	Fine art at Hochschule für Bildende Künste Braunschweig – Foundation class: Andrea Ostermeyer Specialist classes: Dörte Eißfeldt und Corinna Schnitt

AUSZEICHNUNGEN		AWARDS
2023	SPRENGEL PREIS – Niedersachsen in Europe	SPRENGEL PRIZE – Lower Saxony in Europe
2021	Neustart Kultur, Niedersachsen dreht auf, Land Niedersachsen	Neustart Kultur, Lower Saxony dreht auf, Land Lower Saxony
2020	Neustart Kultur, Stiftung Kunstfonds, Bonn	Neustart Kultur, Stiftung Kunstfonds, Bonn
2018	Residenzstipendium Künstlerstätte Stuhr-Heiligenrode	Residency Künstlerstätte Stuhr-Heiligenrode
2017	Arbeitsstipendium Stiftung Kunstfonds, Bonn	Working scholarship Stiftung Kunstfonds, Bonn
	Residenzstipendium am Deutschen Studienzentrum in Venedig	Residency at the German Study Centre in Venice
2015	Förderpreis für Bildende Kunst der Bundesministerin für Bildung und Forschung	Award for Visual Arts of the Federal Minister of Education and Research
2014	Preis des Kunstvereins Hannover Atelierstipendium Villa Minimo (2015/2016)	Prize of the Kunstvereins Hannover – Villa Minimo studio scholarship (2015/2016)
	Marta Hoepffner–Preis für Fotografie	Marta Hoepffner–Prize for Photography
	Katalogstipendium der Hannover Rück SE	Catalogue scholarship of Hannover Rück SE

EINZELAUSSTELLUNGEN		SOLO EXHIBITIONS
2023	«Sprengel Preis 2023 Hannover — Mont Ventoux» Sprengel Museum Hannover	«Sprengel Prize 2023 Hannover — Mont Ventoux» Sprengel Museum Hannover
	«Vom Sammeln», Haus der Region, Hannover	«Vom Sammeln» Haus der Region, Hannover
2020	«High Noon», Darmstädter Tage der Fotografie, Herrngarten, Darmstadt	«High Noon» Darmstädter Tage der Fotografie, Herrngarten, Darmstadt
	«Von der Geste des Zeigens», OFF//FOTO 2020, Galerie [Kunst] Projekte, Mannheim	«Von der Geste des Zeigens» OFF//FOTO 2020, Galerie [Kunst] Projekte, Mannheim
2019	«Was man von hier aus sehen kann», Künstlerstätte Stuhr-Heiligenrode	«Was man von hier aus sehen kann» Künstlerstätte Stuhr-Heiligenrode
	»Eilenriedestillleben«, Stephansstift Hannover	«Eilenriedestillleben» Stephansstift Hannover
2017	«Die übrige Zeit (Preis des Kunstvereins)», Kunstverein Hannover	«Die übrige Zeit» (Prize of the Kunstverein) Kunstverein Hannover

AUSSTELLUNGSBETEILIGUNGEN (Auswahl)

2023 «Residence III», Syker Vorwerk, Syke

«Der romantische Blick»
Forum S15, Hannover

2022 «Preis für junge Kunst der Darmstädter Sezession»
Atelier Siegele, Darmstadt

«Zuversichten, Salon Salder»
Städtische Kunstsammlungen
Schloss Salder, Salzgitter

«to unravel a torment you must begin somewhere»
konnektor Forum für Künste, Hannover

«Von Menschen und Dingen»
Kulturkirche Markuskirche, Hannover

«Über die unerträgliche Vielschichtigkeit des Seins»
Hermannshof, Völksen

2021 «Nordwestkunst»
Kunsthalle, Wilhelmshaven

«Hans-Purrmann-Preis»
Städtische Galerie Speyer

2019 «Das kleine Format»
Galerie [Kunst] Projekte, Mannheim

«The Fountain Mémoire»
Deutscher Künstlerbund e.V., Berlin

2018 «FutuRuins»,
Palazzo Fortuny, Venedig, Italien

«88. Herbstausstellung»
Kunstverein Hannover

2017 «The Fountain Mémoire»
Projektraum AKKU, Stuttgart

2016 «FUENF»
Museum für Photographie, Braunschweig

2015 «Junge Fotografie im Schloss»
Schloss Ritzebüttel, Cuxhaven

«Bricologie, Jippie Jaa Jaa Jippie Jippie Jaay!»
Villa Arson, Nizza, Frankreich

«Kunststudentinnen und Kunststudenten stellen aus»
Bundeskunsthalle, Bonn

2014 «Meisterschüler 2014»
Hannover Rück SE, Hannover

«Aus der Reihe»
Marta Hoepffner–Preis 2014,
Stadtmuseum, Hofheim am Taunus

2013 «the eyes are closed, the hair undone, i don't want to be exposed to the sun»
The Cave, Los Angeles, USA

2012 «Artist as Traveller»
California Institute of the Arts,
Los Angeles, USA

2009 «Ein loses Kontingent von Welt»
Museum für Photographie, Braunschweig

EXHIBITION PARTICIPATIONS (excerpt)

«Residence III», Syker Vorwerk, Syke

«Der romantische Blick»
Forum S15, Hannover

«Preis für junge Kunst der Darmstädter Sezession»
Atelier Siegele, Darmstadt

«Zuversichten, Salon Salder»
Städtische Kunstsammlungen
Schloss Salder, Salzgitter

«to unravel a torment you must begin somewhere»
konnektor Forum für Künste, Hannover

«Von Menschen und Dingen»
Kulturkirche Markuskirche, Hannover

«Über die unerträgliche Vielschichtigkeit des Seins»
Hermannshof, Völksen

«Nordwestkunst»
Kunsthalle, Wilhelmshaven

«Hans-Purrmann-Prize»
Städtische Galerie Speyer

«Das kleine Format»
Galerie [Kunst] Projekte, Mannheim

«The Fountain Mémoire»
Deutscher Künstlerbund e.V., Berlin

«FutuRuins»
Palazzo Fortuny, Venice, Italy

«88. Herbstausstellung»
Kunstverein Hannover

«The Fountain Mémoire»
Projektraum AKKU, Stuttgart

«FUENF»
Museum für Photographie, Brauschweig

«Junge Fotografie im Schloss»
Schloss Ritzebüttel, Cuxhaven

«Bricologie, Jippie Jaa Jaa Jippie Jippie Jaay!»
Villa Arson, Nice, France

«Kunststudentinnen und Kunststudenten stellen aus»
Bundeskunsthalle, Bonn

«Meisterschüler 2014»
Hannover Rück SE, Hannover

«Aus der Reihe»
Marta Hoepffner–Prize 2014,
Stadtmuseum, Hofheim am Taunus

«the eyes are closed, the hair undone, i don't want to be exposed to the sun»
The Cave, Los Angeles, USA

«Artist as Traveller»
California Institute of the Arts,
Los Angeles, USA

«Ein loses Kontingent von Welt»
Museum für Photographie, Braunschweig

Der SPRENGEL PREIS wird gemeinsam von der Niedersächsischen Sparkassenstiftung und dem Land Niedersachsen an bildende Künstlerinnen und Künstler aus Niedersachsen vergeben und soll Impulse für den Kulturaustausch in Europa setzen. Neben dem Preisgeld beinhaltet die Auszeichnung eine Ausstellung mit begleitendem Katalog im Sprengel Museum Hannover und ein sechsmonatiges Reisestipendium ins europäische Ausland.

The SPRENGEL PRIZE is awarded jointly by the Niedersächsische Sparkassenstiftung and the State of Lower Saxony to visual artists from Lower Saxony and seeks to encourage cultural exchange in Europe. In addition to the prize money, the award includes an exhibition with an accompanying catalogue at the Sprengel Museum Hannover and a travel scholarship of up to six months to other European countries.

Niedersächsisches Ministerium
für Wissenschaft und Kultur
Leibnizufer 9
D – 30169 Hannover

Telefon +49 (9) 511 / 120 25 99
pressestelle@mwk.niedersachsen.de
www.mwk.niedersachsen.de

Niedersächsisches Ministerium
für Wissenschaft und Kultur

Niedersächsische Sparkassenstiftung
Schiffgraben 6-8
D – 30169 Hannover

Telefon +49 (0) 511 / 36 03 489
sparkassenstiftung@svn.de
www.nsks.de

Niedersächsische
Sparkassenstiftung

ORGANISATION

SPRENGEL PREIS/SPRENGEL PRIZE
Veronika Olbrich, Alina Jung, Niedersächsisches Ministerium für Wissenschaft und Kultur/Ministry for Science and Culture of Lower Saxony ; Ulrike Schneider, Niedersächsische Sparkassenstiftung

JURY

SPRENGEL PREIS 2023/SPRENGEL PRIZE 2023
Stefan Becker, Julienne Lorz, Noor Mertens, Veronika Olbrich, Carina Plath, Thomas Rentmeister, Ulrike Schneider

AUSSTELLUNG/EXHIBITION

CHRISTIAN RETSCHLAG
Hannover — Mont Ventoux
SPRENGEL PREIS 2023/SPRENGEL PRIZE 2023
Niedersachsen in Europa

18. November 2023 bis 3. März 2024
18 November 2023 to 3 March 2024

Kurator/Curator: Julius Osman

Sprengel Museum Hannover
Direktor/Director:
Reinhard Spieler
Sekretariat/Office: Sandra Kappelmann | Bildung und Vermittlung/Education and Communication: Kristina Sinn, Petra Sollorz, Gabriela Staade, Theresia Stipp, Dörte Wiegand | Presse- und Öffentlichkeitsarbeit/Press and Publicity: Judith Hartstang | Veranstaltungen und Marketing/Event Management and Marketing: Kirsten Kutzinski | Konservatorische Betreuung/Conservator: Kristina Blaschke-Walther | Registrar: Karina Medic, Sergej Missal, Peter Stoschus, Charlotte Wagner | Fotografie/Photography: Aline Herling, Michael Herling, Benedikt Werner | Verwaltung/Administration: Sandra Niehoff, Carola Hagenah, Ingrid Mecklenburg, Katharina Oldenburg | Bibliothek/Library: Regina Pallus, Gundula Schon | Betriebstechnik/Technical Department: Iwan Fetsch, Marianne Lietz, Torben Sudhop | Ausstellungstechnik/Exhibition Installation: Yakup Asci, Yasin Asci, Özgür Ayyildizli, Janna Bank, Ertan Coskun, Ursula Kiewning, Murat Maras, Nicole Niepötter-Trommer, Hüseyin Pamuk, Marion Trommer, Volkan Yildirim, Cavit Yildirim

---

DANKSAGUNGEN/ACKNOWLEDGEMENTS
von/by Christian Retschlag

Ich danke den Förderern, die mir die Reise mit dem Fahrrad von Hannover zum Mont Ventoux ermöglicht haben.
Mein Dank geht auch an alle Gastgeber*innen meiner Reise, insbesondere an Claude, Isabelle und Lila. Besonders möchte ich mich bei denjenigen bedanken, an der Realisierung der Reise beteiligt waren oder bei der Umsetzung von Arbeiten geholfen haben: Martin Henze, Alexander Janz, Rüdiger Stanko, Benedikt Stipp, Theresia Stipp und Anette Ziss.

I wish to thank all the sponsors who enabled me to cycle from Hannover to Mont Ventoux. I would also like to thank all the hosts of my trip, and especially Claude, Isabelle and Lila. I owe special thanks those who were involved in the realisation of the trip or helped with the execution of the project: Martin Henze, Alexander Janz, Rüdiger Stanko, Benedikt Stipp, Theresia Stipp and Anette Ziss.

KATALOG/CATALOGUE

Herausgeber/Publisher:
Sprengel Museum Hannover in Zusammenarbeit mit Land Niedersachsen und Niedersächsische Sparkassenstiftung
Sprengel Museum Hannover in cooperation with the State of Lower Saxony and the Niedersächsische Sparkassenstiftung

Redaktion/Editorial office: Julius Osman
Übersetzungen/Translation: Tim Chafer, Düsseldorf | Probicon GmbH, Berlin
Grafische Gestaltung/Graphic Design: DIE ELSE, www.dieelse.de

Gesamtherstellung/Production:
Snoeck Verlagsgesellschaft mbH
Nievenheimer Straße 18
D – 50739 Köln
www.snoeck.de

Bildnachweise/Image credits:

2013 MSB Matthes & Seitz, Berlin Verlagsgesellschaft mbH: S./p. 69; Peter Siepmann: S./p. 67/73; Niepce: Harry Ransom Center 2023: S./p. 74; The J. Paul Getty Museum, Los Angeles, © Man Ray Trust ARS-ADAGP: S./p. 82; Laura Bielau: S./p. 88; Ulrike Schneider: S./p. 92

ISBN: 978-3-86442-431-1 Printed in Germany

SPRENGEL MUSEUM HANNOVER

Hannover

Niedersachsen

NDR kultur